Der bhv Co@ch

Übungsbuch Java

Alexander Niemann

# Der bhv Co@ch

# Übungsbuch Java

verlag moderne industrie Buch AG & Co. KG, Landsberg
Königswinterer Straße 418
D–53227 Bonn
Telefax: +49 228 970 24 21
www.vmi-Buch.de

1. Auflage

ISBN 3-8266-9386-8

05 04 03
10 9 8 7 6 5 4 3 2 1

Printed in Italy

# Inhaltsverzeichnis

# Einleitung

Java ist eine leistungsfähige objektorientierte Programmiersprache und zugleich Basis für eine Reihe von hochinteressanten Softwaretechnologien, die inzwischen zu einer festen Größe in der *Informations- und Telekommunikations*-Welt (ITK) geworden sind. Java-Applikationen laufen auf Smartcards in Ihrem Portemonnaie, auf Mobiltelefonen und Palmtop-Computern in Ihrer Jackentasche, dem Bordcomputer in Ihrem Auto, dem PC auf Ihrem Schreibtisch und den gigantischen Serverparks der von Ihnen genutzten Internetdienstanbieter.

Java zu lernen ist also keinesfalls eine vergebene Mühe, sondern eine gute Investition in die eigene Ausbildung. Dementsprechend ist Java inzwischen für viele Ausbildungs- und Studiengänge obligatorisch geworden und immer mehr Einsteiger machen sich frohen Mutes an die Einarbeitung. Dieses Buch soll sie dabei zusätzlich unterstützen.

## Üben übt

Der Volksmund hält viele Binsenweisheiten bereit, die der Philosophie der *bhv Übungsbücher* entsprechen. „Üben übt" passt z.B. sehr gut. Oder auch: „Übung macht den Meister". Und obwohl es nur Binsenweisheiten sind, so sollte man sie sich doch zu Herzen nehmen – vor allem wenn man sich an das Erlernen einer Programmiersprache wie Java heranwagt.

Um diese Herausforderung erfolgreich zu bewältigen, braucht es nämlich neben einem soliden theoretischen Fundament jede Menge Übung. Mit einem Lehrbuch in der Badewanne sitzend wird man niemals erfolgreich sein. Eigene, praktische Erfahrungen mit der Materie sind unabdingbar. In den bhv-Büchern der Reihe *Das Einsteigerseminar*, die den fundierten Einstieg in verschiedenste Themen bieten, wird diesem Umstand bereits durch systematische Übungsaufgaben Rechnung getragen. Positive Leserzuschriften bestätigen immer wieder, dass diese Aufgaben für viele eine große Hilfe beim Einstieg ist.

Als Unterstützung dieses bewährten Konzepts und Ergänzung der *Das Einsteigerseminar*-Bücher gibt es nun die Übungsbücher. Sie sind Sammlungen von Übungsaufgaben und -fragen zu den jeweiligen Themen, mit denen Lernende zum einen den eigenen Kenntnisstand überprüfen können. Zum anderen bieten die Aufgaben aber auch vielfältige Anlässe und Anregungen, sich an den Computer zu setzen und zu trainieren. In diesem Sinne stellt der vorliegende Titel eine ideale Ergänzung zum Einsteigerseminar *Objektorientierte Programmierung in Java* dar (3–8266–7246–1).

Zu jeder Frage gibt es natürlich eine richtige Antwort, für jede Programmieraufgabe einen Lösungsvorschlag. Dabei liegt die Betonung auf Lösungs*vorschlag*, denn gerade in der Softwareentwicklung gibt es selten ein echtes „richtig" oder „falsch". Wenn Ihr Lösungsweg also die Aufgabe löst, mit dem im Buch gezeigten Weg aber nicht übereinstimmt, so ist das absolut in Ordnung. Ich möchte Sie aber dazu anregen, in diesem Fall auch den Vorschlag im Buch gründlich zu studieren und sich die Unterschiede anzuschauen. Hat die andere Lösung vielleicht Vorteile? Oder ist Ihre besser? Versuchen Sie, diese Fragen selbst zu beantworten – im Zweifelsfall auch mal durch Ausprobieren.

Inhaltlich beschränken sich die Aufgaben dieses Buches nicht ausschließlich auf die im Einsteigerseminar *Objektorientierte Programmierung in Java* vermittelten Kenntnisse, auch wenn sie sich daran orientieren. Nicht jede hier genutzte Klasse ist deshalb bereits im Einsteigerseminar beschrieben worden. Es wird vielmehr davon ausgegangen, dass Sie als Lernender die Grundprinzipien der Sprache und der objektorientierten Sichtweise verstanden haben und zu selbstständigem Arbeiten in der Lage sind (bzw. sich diese Fähigkeit nun aneignen). Dazu gehört auch, bei Bedarf die API-Dokumentation von Java zu konsultieren, im Internet nach Informationen zu suchen und einfach mal ein wenig herumzuexperimentieren, um eine Lösung zu finden. So läuft es im „echten" Programmiererleben nämlich auch ...

# Aufbau des Buches

Dieses Übungsbuch ist in neun Kapitel unterteilt, die jeweils mit einer kleinen Einführung zum behandelten Thema beginnen. Außerdem finden Sie eine kurze Liste mit Stichwörtern, die Ihnen geläufig sein sollten, bevor Sie sich an die Arbeit machen.

Jedes Kapitel deckt einen größeren Teilaspekt der objektorientierten Programmierung mit Java ab. So wird mit einigen einfachen Fingerübungen begonnen, anschließend geht es weiter zu elementaren Sprachstrukturen und objektorientierten Prinzipien. Zum Abschluss gibt es einige Übungen zu den Themen Exception Handling und Ein-/Ausgabe.

Dabei dient die thematische Kapitelunterteilung eher der Schwerpunktbildung als der strikten Trennung. Naturgemäß sind die grundlegenden Aspekte einer Programmiersprache sehr eng miteinander verzahnt. So ist es beispielsweise bereits in frühen Kapiteln notwendig, einfache Ein- und Ausgabeoperationen vorzunehmen. Diese wiederum erfordern den Einbau eines Exception Handlings. Als Leser und Übender sollten Sie also bereits mit den Grundlagen dieser Themen vertraut sein, wenn Sie sich an die Durcharbeitung der ersten Kapitel wagen. Sobald Sie dann später zu den entsprechenden Kapiteln kommen, haben Sie Gelegenheit Ihr Wissen intensiver anzuwenden und zu prüfen.

Die Lösungsvorschläge finden Sie jeweils direkt unter den Aufgaben, anstatt räumlich getrennt am Ende des Buches. Somit wird keine Prüfungs-Atmosphäre geschaffen, sondern Sie können schnell und ohne langes Blättern mal eben auf die Lösung schielen. Es liegt also in Ihrer eigenen Verantwortung, bis zu welchem Grad Sie die Lösungen selbst erarbeiten oder sich von den angegebenen Lösungsvorschlägen „anregen" lassen. Das erfordert natürlich auch eine gewisse Selbstdisziplin, damit Sie nicht beim ersten kleinen Widerstand sofort eine Aufgabe verloren geben, sondern weiter daran arbeiten. Nochmals der Appell: Sie müssen forschen und experimentieren! Nur so lernen Sie wirklich die Praxis kennen – auch wenn es manchmal ein steiniger Weg ist.

# Benutzung des Buches

So blöd es klingt: Fangen Sie vorne an und arbeiten Sie sich bis zum Ende durch. Zumindest wenn Sie Einsteiger und noch unsicher in der Anwendung von Java sind, ist dies der richtige Weg. So wird der Schwierigkeitsgrad langsam gesteigert und die Aufgaben bauen aufeinander auf. Wenn Ihnen Aufgaben zu einfach vorkommen und Sie keine Zeit mit „Kinderkram" zubringen möchten, sollten Sie sich trotzdem kurz einen Lösungsweg überlegen. Sie müssen ihn dann ja nicht unbedingt implementieren, um ihn mit der Musterlösung vergleichen zu können.

Natürlich ist es auch möglich, sich nur einzelne Abschnitte vorzunehmen, beispielsweise wenn Sie gezielt ein bestimmtes Thema vertiefen möchten. In diesem Fall sollten Sie aber dennoch ganze Abschnitte in der richtigen Aufgabenreihenfolge durcharbeiten, denn viele Aufgaben bauen aufeinander auf.

Die dritte Möglichkeit der Benutzung dieses Buches ist schließlich die Verwendung als Nachschlagewerk, auch wenn es nicht als solches konzipiert worden ist. Aber Antworten auf Fragen wie „Wie war doch gleich ein `switch`-Statement aufgebaut?" oder „Wie kann ich eine ZIP-Datei auslesen?" lassen sich in diesem Buch mithilfe des Index sehr schnell finden.

# Technische Voraussetzungen

Um die Lösungen zu den in diesem Buch gestellten Aufgaben erarbeiten zu können, müssen Sie einen Computer mit einer darauf installierten Java-Entwicklungsumgebung zur Verfügung haben. Diese Entwicklungsumgebung kann im einfachsten Fall aus einem Texteditor und dem unter *http://java.sun.com* gratis erhältlichen J2SDK bestehen. Um sich das Leben zu erleichtern, sollten Sie sich auf Dauer aber einen Editor zulegen, der zumindest *Syntax-Highlighting* und *Code-Vervollständigung* beherrscht. Die Palette hier ist breit und reicht von „aufgebohrten" Texteditoren wie *UltraEdit32* (für Windows) oder *xemacs* (für UNIX/Linux) bis hin zu geradezu monströsen integrierten Entwicklungsumgebungen wie *JBuilder* oder *Visual Age for Java*. Windows-Benutzern sei an dieser Stelle der *JCreator* (*http://www.jcreator.com*) der Firma Xinox ans Herz gelegt. Aber das ist schon eher eine Geschmacksfrage und auch die Kosten können ganz erheblich werden. Am besten, Sie schauen sich mal ein wenig im Internet um und testen einige der meist verfügbaren Probeversionen der verschiedenen Programme. Viele dürfen zu nicht-kommerziellen Zwecken auch ohne Zahlung von Lizenzgebühren genutzt werden.

Auf welcher Systemplattform Sie entwickeln, ist völlig egal. Die Lösungsvorschläge in diesem Buch sind allesamt unter Windows 2000 entstanden, sollten aber bis auf eine einzige, deutlich gekennzeichnete Ausnahme auch auf allen anderen Betriebssystemen laufen.

Auch an die Java-Version werden keine hohen Anforderungen gestellt. Die meisten Lösungsvorschläge müssten bereits mit der Version 1.2 verwendbar sein, auch wenn zur Entwicklung die Version 1.4 genutzt wurde. Wo spezielle Features der Version 1.4 genutzt werden, wird im Text ausdrücklich darauf hingewiesen. Wie dem auch sei: Wenn es geht, sollten Sie auch gleich die aktuellste für Ihr Betriebssystem verfügbare Version verwenden. So vermeiden Sie schon im Vorfeld viele Probleme. Und es kostet ja nichts.

# Download- und Kontaktmöglichkeiten

Alle in diesem Buch abgedruckten Quelltexte stehen im Internet auf der Verlagswebsite unter *http://www.bhv-Buch.de* oder unter *http://www.AlexanderNiemann.de* zum Download bereit. So haben Sie die Möglichkeit, die angegebenen Lösungsvorschläge komfortabel auszuprobieren und zu variieren. Außerdem finden Sie unter der zuletzt genannten Adresse auch ein jeweils aktuelles Erratum (sofern eines nötig werden sollte).

Mit konstruktiver Kritik, Anregungen, Lob und Fragen können Sie sich jederzeit gerne per E-Mail an mich wenden. Alle unter *buecher@AlexanderNiemann.de* eingehenden Mails werden sorgfältig gelesen und so gut es geht beantwortet.

Bitte haben Sie aber auch Verständnis dafür, dass aufgrund der Menge der eingehenden E-Mails eine Antwort manchmal etwas länger auf sich warten lassen kann. Auch der Umfang der Antworten kann natürlich nicht beliebig groß sein. Es ist schon zeitlich gar nicht möglich, täglich eine Hand voll eingeschickte Programme auf Fehler hin zu analysieren und seitenlange Antworten an die Urheber zu schreiben. Wenn Sie also schreiben, weil Sie Hilfe benötigen, versuchen Sie bitte, den Fehler vorher so gut es geht einzugrenzen und zu beschreiben. So ist allen Beteiligten am besten geholfen.

Und noch ein letzter Hinweis zum Thema E-Mail: Bitte senden Sie keine anderen Dateianhänge als Java-Quelltextdateien oder komprimierte Bildformate (z. B. JPEG, GIF oder PNG) an die angegebene E-Mail-Adresse. Kompilierte Programme oder Screenshots im BMP-Format fressen nur Bandbreite und sind eigentlich unnötig. Noch schlimmer ist es mit Word-Dateien, die oft in der Gegend herumgeschickt werden. Die sind nämlich nicht nur groß und überflüssig, sondern auch noch potenziell gefährlich (Stichwort: Viren und Würmer). Man sollte nicht unbedingt erwarten, dass ungefragt an fremde Menschen versendete Word-Dokumente vor dem Löschen gelesen werden ...

Viel Spaß beim Üben!

*Alexander Niemann*

# Modul 1

# Fingerübungen

In diesem ersten Kapitel dreht sich alles um die Basics von Java. Dazu gehören beispielsweise ganz grundlegende Dinge wie die allgemeine Architektur von Java-Applikationen, die besonderen Merkmale und Leistungen der Sprache oder die Benutzung des Compilers und der Aufruf der fertigen Programme.

Höchstwahrscheinlich werden Sie die meisten Fragen und Übungen in diesem Kapitel nicht so sehr fordern. Trotzdem sollten Sie sie kurz durcharbeiten und sich so vergewissern, dass Sie wirklich alle Grundlagen verstanden haben und beherrschen. Betrachten Sie es sportlich: Vor den großen Leistungen steht immer ein sorgfältiges Aufwärmprogramm.

**Sie sollten wissen**

- was Compiler und Interpreter sind
- welches die besonderen Merkmale von Java sind
- welche Tools zum J2SDK gehören und wie man sie bedient
- wie ein Java-Programm aufgebaut ist
- was Variablen sind
- was Methoden sind
- was Klassen sind

## 1.1 Allgemeines

**1.** Was ist ein Compiler?

**Lösung:**

Bei kompilierten Sprachen erstellt der Programmierer zunächst eine Textdatei mit dem Quelltext seines Programms. Danach schickt er diesen Text durch ein Programm, das *Compiler* genannt wird. Der Compiler überprüft die *Syntax* (sozusagen die Grammatik der Programmiersprache) und erzeugt einen maschinennahen Code, der anschließend von einem *Linker* zu einer ausführbaren Datei zusammenfügt wird.

Im einfachsten Fall braucht der Anwender nur diese eine Datei, um das Programm zu nutzen. Der ausführbaren Datei ist die Sprache, in der das Programm entwickelt wurde, nicht mehr anzusehen.

**2.** Was ist ein Interpreter?

**Lösung:**

Auch bei interpretierten Sprachen liegt der Quelltext zunächst in einer Textdatei vor. Er wird aber nicht in eine ausführbare Datei übersetzt und als fertiges Programm gespeichert, sondern bleibt bis zur Ausführung in dieser Form. Zum Starten braucht man zwei Dateien: den Quelltext und den (in kompilierter Form vorliegenden) *Interpreter*. Dieser liest die Quelldatei ein und wandelt die benötigten Teile des Programms zur Laufzeit in maschinennahen Code um, der dann ausgeführt wird.

**3.** Was sind die Vor- bzw. Nachteile kompilierter und interpretierter Programmiersprachen?

**Lösung:**

Kompilierte Programme sind im Allgemeinen sehr schnell in der Ausführung, weil der zeitraubende Vorgang des Übersetzens nur einmal beim Entwickler vorgenommen wird. Dafür sind sie aber nur auf der Systemplattform (= Hardware + Betriebssystem) lauffähig, auf der sie auch übersetzt wurden. Kompilierte Programme sind deshalb nicht *plattformunabhängig*, sondern bestenfalls *portabel*.

Interpretierte Programme hingegen sind zum einen langsamer als kompilierte, weil neben der eigentlichen Ausführung der Anweisungen zwischendurch immer wieder Quelltext übersetzt werden muss. Zum anderen machen sich syntaktische Fehler erst bei der Ausführung in Form von Programmabbrüchen bemerkbar, weil die syntaktische Überprüfung durch den Compiler fehlt. Dafür geht die Entwicklung etwas schneller von der Hand, weil der zeitraubende Vorgang des Kompilierens vor den immer wieder vorkommenden Programmstarts während der Entwicklungsphase unterbleibt. Außerdem erlauben interpretierte Sprachen einige programmiertechnische Kunstgriffe, die bei kompilierten Sprachen nicht möglich sind. Diese hier zu erläutern, würde allerdings den Rahmen sprengen.

Abschließend bliebe noch anzumerken, dass seit der Einführung von Java eine zunehmende Vermischung beider Technologien zu beobachten sind. Microsoft führt mit der .NET-Technologie eine ganz ähnliche Vorgehensweise ein.

**4.** Nennen Sie einige typische Vertreter beider Sprachtypen.

**Lösung:**

Typische Vertreter kompilierter Programmiersprachen sind *C/C++*, *Java*, *Pascal* und *Object Pascal*. Auch etwas in die Tage gekommene, aber immer noch in Wirtschaft, Forschung und Lehre eingesetzte Sprachen wie *Cobol*, *Fortran* und *Elan* gehören dazu.

Interpreter werden heutzutage oft von so genannten *Skriptsprachen* wie beispielsweise *Perl* oder *Tcl* verwendet.

**5.** Ist Java eine kompilierte oder eine interpretierte Programmiersprache?

**Lösung:**

Die Java-Technologie basiert auf einer Kombination von Compiler und Interpreter.

Java-Programme werden nach ihrer Erstellung zunächst kompiliert. Dabei wird eine syntaktische Überprüfung durchgeführt und der so genannte *Bytecode* erstellt. Dieser ist nicht ausführbar im

Sinne eines kompilierten und gelinkten Programms, sondern wird durch einen Interpreter (bei Java *virtuelle Maschine* genannt) ausgeführt.

**6.** Was ist Bytecode und welche besonderen Eigenschaften besitzt er?

**Lösung:**

Bytecode ist das Kompilat eines Java-Programms. Im Gegensatz zu herkömmlichen kompilierten Programmen ist er jedoch noch kein ausführbares Programm, sondern eine Art „Zwischenprodukt".

Dadurch dass Bytecode nicht ausführbar ist, ist er auch noch plattformunabhängig. Das heißt, dass er noch keinerlei Informationen zu der Frage enthält, *wie* das Programm denn nun auf dieser oder jener Systemplattform auszuführen ist. Aus ihm geht lediglich hervor, *was* auszuführen ist. Es bleibt der virtuellen Maschine (dem Java-Interpreter) vorbehalten, über das *Wie* zu entscheiden. Sie ist nämlich ein plattformspezifisches Programm, das Bytecode lesen, interpretieren und auf „ihrer" Plattform ausführen kann.

**7.** Was ist der Hauptnachteil des von Java verwendeten Technologie-Mix?

**Lösung:**

Der Geschwindigkeitsvorteil echter kompilierter Programme geht teilweise verloren, denn der Bytecode muss vor der Ausführung eingelesen und interpretiert werden.

**8.** Erläutern Sie den Unterschied zwischen Plattformunabhängigkeit und Portabilität.

**Lösung:**

Als *portabel* bezeichnet man Software, die relativ leicht an verschiedene Plattformen, also Kombinationen aus Hardware und Betriebssystem, angepasst werden kann. Im eigentlichen Sinne ist also nicht eine Programmiersprache an sich portabel, sondern die damit erstellten Anwendungen. Ein in C erstelltes Programm ist z. B. schon recht portabel, weil es durch eine Neukompilierung des Quelltextes verhältnismäßig einfach auf einem anderen System zum Laufen gebracht werden kann. Das setzt allerdings voraus, dass

- auf der Zielplattform ein C-Compiler verfügbar ist, der den gleichen Sprachstandard (hier ANSI C) unterstützt,
- das Programm keine hardwareabhängigen Routinen benutzt und
- es keine betriebssystemspezifischen Routinen oder Funktionen aufruft.

Plattformunabhängige Anwendungen sind diesen Einschränkungen der Portabilität nicht unterworfen. Im Gegensatz zu einem C-Programm müssen Sie beispielsweise ein Java-Programm nicht neu kompilieren, wenn Sie es auf einem anderen Rechner ausführen wollen. Sobald auf der Zielplattform eine virtuelle Maschine verfügbar ist, können alle in Bytecode vorliegenden Programme gestartet werden.

**Hinweis**

Bei einigen stark von einem „normalen PC" abweichenden Plattformen wie beispielsweise Handheld-Computern muss man natürlich auch bei der Verwendung von Java Abstriche in der Plattformunabhängigkeit hinnehmen. Eine für einen hochauflösenden Farbmonitor entwickelte grafische Benutzeroberfläche funktioniert beispielsweise nicht ohne Anpassungen auf einem wenige Zentimeter großen Graustufendisplay. Und auch die Systemressourcen werden auf so einem Miniaturgerät knapp: CPU-Leistung und Speicher muss man dann sehr gut einteilen.

**9.** Für Java-Applets müssen besondere Sicherheitsstandards gelten, weil sie nicht immer von vertrauenswürdigen Websites heruntergeladen werden. Außerdem ist es durchaus denkbar, dass Hacker an sich vertrauenswürdige Sites infiltrieren und „gute" Applets durch „böse" ersetzen, ohne dass Betreiber oder Benutzer es bemerken.
Welches (an ein Kinderspielzeug erinnernde) Verfahren wird genutzt, um die Sicherheitsrisiken von Applets zu minimieren?

**Lösung:**

Das *Sandbox*-Verfahren.

**10.** Erläutern Sie die Funktionsweise des Sandbox-Verfahrens.

**Lösung:**

Jedes Applet bekommt eine eigene Sandbox (einen „Sandkasten") zugeteilt, in dem es ausgeführt wird („spielen" kann), ohne Schaden anrichten zu können. Technisch gesehen ist die Sandbox ein Speicherbereich, den das Applet nicht verlassen kann. Von dort aus kann weder auf andere Speicherbereiche noch auf Betriebssystemfunktionen zugegriffen werden. Auch der freie Zugriff auf das Dateisystem ist nicht erlaubt.

**11.** Nennen und erläutern Sie einen weiteren Mechanismus zur Erhöhung der Sicherheit von Applets.

**Lösung:**

Vor dem Ausführen des Applets wird ein so genannter *Bytcode-Verifier* ausgeführt. Er prüft den Bytecode des Applets auf potenzielle Sicherheitsrisiken hin. Verweigert er dem Code die Verifizierung, wird das Applet nicht ausgeführt.

# 1.2 Grundlegendes zu Java-Applikationen

**12.** Schreiben Sie eine Konsolenanwendung mit dem Titel `HalloWeltApp`, die den Text „Hallo Welt!“ auf dem Bildschirm ausgibt.

**Lösung:**

```
public class HalloWeltApp
{
  public static void main(String[] args)
  {
    System.out.println("Hallo Welt!");
  }
}
```

**13.** Wie lautet der Befehl zum Kompilieren von *HalloWeltApp.java*?

**Lösung:**

```
javac HalloWeltApp.java
```

**14.** Wie lautet der Befehl zum Ausführen des Programms?

**Lösung:**

```
java HalloWeltApp
```

**15.** Welche Aufgabe hat die `main()`-Methode in einem Java-Programm?

**Lösung:**

Die `main()`-Methode beinhaltet die Hauptroutine eines Java-Programms. Von hier aus werden alle anderen Programmfunktionen aufgerufen und der Programmablauf gesteuert. Sobald die `main()`-Methode abgearbeitet und beendet worden ist, beendet sich auch die Applikation.

**16.** Wie viele `main()`-Methoden muss eine Klasse besitzen?

**Lösung:**

Eine Klasse muss nicht unbedingt eine `main()`-Methode besitzen. Nur wenn die Klasse zugleich eine Applikation ist, also ausgeführt werden soll, muss es eine `main()`-Methode geben.

**17.** Wie viele `main()`-Methoden kann eine Klasse maximal haben?

**Lösung:**

Jede Klasse kann prinzipiell beliebig viele Methoden mit dem Namen `main()` besitzen. Dabei gilt es allerdings die Regeln der Überladung zu beachten, d.h., dass alle diese Methoden sich in Rückgabetyp und/oder Parameterliste unterscheiden. Eine „echte" `main()`-Methode in der Form

```
public static void main(String[] args) { }
```

kann es in jeder Klasse nur einmal geben. Das Gleiche gilt übrigens für alle Methoden: Jede Kombination aus Methodenname, Rückgabetyp und Parameterliste muss in einer Klasse einmalig sein.

**18.** Erläutern Sie, was man unter einem Kommentar versteht.

**Lösung:**

Ein Kommentar ist ein Teil des Quelltextes, der beim Kompilieren ignoriert wird. Er geht also nicht mit in das fertige Programm mit ein und muss auch nicht syntaktisch korrekt sein. So können erklärungsbedürftige Quelltextteile in Klartext kommentiert werden. Außerdem kann während der Entwicklungszeit zu Testzwecken „mal eben" ein ganzer Programmteil aus dem Code entfernt werden, ohne ihn endgültig zu löschen.

**19.** Durch welche Zeichenfolge wird der nachfolgende Teil einer Quelltextzeile zu einem Kommentar? Formulieren Sie eine Beispielzeile!

**Lösung:**

Durch zwei aufeinanderfolgende Schrägstriche (//).

Beispiel:

```
short zaehler = 0;    // Schleifenzähler
```

**20.** Durch welche Zeichen kann ein gesamter Quelltextblock zu einem Kommentar gemacht werden? Formulieren Sie ein Beispiel!

**Lösung:**

Der Kommentar muss in die Zeichenfolgen `/*` und `*/` eingeschlossen werden.

Beispiel:

```
/* Umfassende Erläuterungen zur folgenden
   Methode, die sich über mehrere Zeilen
   hinzieht ... */
public String irgendeineMethode()
```

**21.** Mit welchem Tool kann aus den Kommentaren im Quelltext eine vollständige technische Dokumentation des Programms erstellt werden? Die Java API-Dokumentation ist z. B. mit diesem Tool erstellt worden!

**Lösung:**

Das Tool heißt *javadoc* und gehört zum Lieferumfang des Java Software Development Kit.

**22.** Erläutern Sie das Funktionsprinzip dieser Form der Dokumentation.

**Lösung:**

Der Quelltext wird mit Kommentaren versehen, in denen der Code erläutert wird. Den Erläuterungen vorangestellt werden spezielle *javadoc-Tags*, die definieren, welches Element der jeweilige Kommentar beschreibt. *javadoc* parst die Kommentare schließlich, wertet die Tags aus und erstellt so eine HTML-Dokumentation aus dem Quelltext.

## 1.3 Methoden

**23.** Schreiben Sie eine Konsolenanwendung mit dem Titel `HalloWeltApp2`, die wie `HalloWeltApp` den Text „Hallo Welt!“ ausgibt. Diesmal soll die Ausgabe allerdings aus einer Methode `grussAusgeben()` heraus geschehen, die von `main()` aufgerufen wird.

**Lösung:**

```
public class HalloWeltApp2
{
```

```
  public static void main(String[] args)
  {
    grussAusgeben();
  }

  protected static void grussAusgeben()
  {
    System.out.println("Hallo Welt!");
  }
}
```

**24.** Welches Schlüsselwort muss verwendet werden, wenn eine Methode keinen Rückgabewert zurückgeben kann?

**Lösung:**

Das Schlüsselwort `void` (siehe auch die `main()`-Methode in den Beispielquelltexten).

**25.** Erweitern Sie `HalloWeltApp2` zu einer neuen Anwendung `HalloWeltApp3`, die einen Gruß an einen beliebigen Bekannten ausgibt. Dazu soll die Methode `grussAusgeben()` so erweitert werden, dass sie einen Namen als Parameter übergeben bekommt und daraus den Gruß „Hallo <hier den Namen einsetzen>!" zusammenbaut.

**Lösung:**

```
public class HalloWeltApp3
{
  public static void main(String[] args)
  {
    grussAusgeben("Heike");
  }

  protected static void grussAusgeben(String name)
  {
  String gruss = "Hallo " + name + "!";
  System.out.println(gruss);
  }
}
```

**26.** Die vierte und letzte Variante von `HalloWeltApp` (`HalloWeltApp4`) soll zwei Methoden enthalten, nämlich `main()` und `grussZusammenbauen()`. Letztere soll aus einem als Parameter übergebenen Namen und einem festen String einen Gruß zusammenbauen, aber nicht direkt ausgeben. Stattdessen soll der fertige Gruß als Rückgabewert an `main()` zurückgegeben und von dort aus auf den Bildschirm ausgegeben werden.

**Lösung:**

```
public class HalloWeltApp4
{
  public static void main(String[] args)
  {
    System.out.println(grussZusammenbauen("Heike"));
  }

  protected static String grussZusammenbauen(String name)
  {
  return "Hallo " + name + "!";
  }
}
```

**27.** Wie viele Methoden darf eine Klasse maximal besitzen?

**Lösung:**

Eine Klasse kann beliebig viele Methoden besitzen. Es gibt keine Maximalanzahl.

**28.** Geben Sie den Kopf einer Methode an, die eine ganze Zahl daraufhin überprüft, ob sie gerade ist. Die Methode soll nicht implementiert werden.

**Lösung:**

```
public bool istGeradeZahl(int zahl)
```

**29.** Welche Typen kann der Rückgabewert einer Methode haben?

**Lösung:**

Der Rückgabewert einer Methode kann von beliebigem Typ sein. Das umfasst sowohl elementare Datentypen und Wrapper-Klassen als auch alle bekannten Klassentypen.

**30.** Welchen Rückgabetyp hat eine Methode, wenn im Funktionskopf nicht explizit ein Typ dafür spezifiziert wird?

**Lösung:**

Im Gegensatz zu anderen Programmiersprachen ist das bei Java gar nicht möglich. Der Compiler bricht in so einem Fall mit einer Fehlermeldung ab.

**31.** Betrachten Sie die Methode `dividiere()` im folgenden Programm. Kann sie so kompiliert werden? Wenn nicht, erläutern Sie den Fehler und korrigieren Sie ihn.

```
public class DivisionApp
{
  public static void main(String[] args)
  {
    int ergebnis = dividiere(40, 5);
    System.out.println("Ergebnis: " + ergebnis);
  }

  public static int dividiere(int divident, int divisor)
  {
    if (divisor > 0)
    {
        return divident / divisor;
    }
  }
}
```

**Lösung:**

Das Programm lässt sich nicht kompilieren, weil die `return`-Anweisung innerhalb des `if`-Blocks steht. Wenn nun der Übergabeparameter `divisor` jemals 0 wäre, so würde der Block nicht durchlaufen und keine `return`-Anweisung ausgeführt – obwohl die Methode laut Deklaration einen `int`-Wert zurückgeben muss! Der Compiler erkennt diese (mögliche) Fehlerquelle und erzeugt deshalb eine Fehlermeldung. Die korrigierte Fassung des Programms lautet:

```
public class DivisionApp
{
  public static void main(String[] args)
  {
    int ergebnis = dividiere(40, 5);
    System.out.println("Ergebnis: " + ergebnis);
  }

  public static int dividiere(int divident, int divisor)
  {
    int retWert = 0;

    if (divisor > 0)
    {
        retWert = divident / divisor;
    }

    return retWert;
  }
}
```

# 1.4 Klassen

**32.** Wie viele Klassen können in einer einzelnen Java-Quelltextdatei implementiert werden?

**Lösung:**

Prinzipiell beliebig viele, wenn auch nur maximal eine davon als `public` deklariert werden darf. Allerdings wird üblicherweise genau eine Klasse je Datei implementiert. Das hilft, die Übersicht über die Klassenhierarchie zu wahren.

**33.** Welches Schlüsselwort kennzeichnet den Kopf einer Klassenimplementierung?

**Lösung:**

Das Schlüsselwort `class`.

**34.** Der folgende Quelltext stammt aus einer Datei mit dem Namen *GrussApp.java*. Die Erzeugung des Grußes ist hier in eine separate Klasse ausgelagert worden. Leider sind dabei verschiedene Fehler gemacht worden, sodass die Datei gar nicht erst kompiliert wird. Welche Fehler sind das?

```
public class GrussApplikation
{
  public static void main(String[] args)
  {
    Gruss Gruss = new Gruss;

    System.out.println(gruss.erzeugeGruss());
  }
}

public class Gruss
{
  public String erzeugeGruss(String name)
    {
      String gruss = "Hallo ";
      gruss += name + "!";
      return gruss;
    }
}
```

**Lösung:**

Im Einzelnen sind das die folgenden Fehler:

- Zeile 1:
  Der Klassenname ist falsch, er muss dem Namen der Datei entsprechen.
- Zeile 5:
  - Beim Aufruf des Konstruktors der Klasse `Gruss` fehlt das Klammerpaar hinter dem Klassennamen.
  - Der Variablenname unterscheidet sich nicht vom Namen der Klasse. Das ist natürlich nicht zulässig, denn so ist das Objekt nicht von der Klasse unterscheidbar.
- Zeile 7:
  Der Methode `erzeugeGruss()` muss beim Aufruf ein Parameter übergeben werden, der den Namen der zu grüßenden Person enthält.
- Zeile 11:
  Die Klasse `Gruss` darf nicht als `public` deklariert werden, wenn sie zusammen mit *GrussApp* in einer einzelnen Datei implementiert wird.

**35.** Korrigieren Sie den Quelltext von *GrussApp.java*, kompilieren und starten Sie das Programm.

**Lösung:**

```
public class GrussApp
{
  public static void main(String[] args)
  {
    Gruss gruss = new Gruss();

    System.out.println(gruss.erzeugeGruss("Heike"));
  }
}

class Gruss
{
    public String erzeugeGruss(String name)
    {
       String gruss = "Hallo ";
       gruss += name + "!";
       return gruss;
    }
}
```

# Modul 2

# Datentypen und Wrapper-Klassen

Im ersten Teil dieses Kapitels dreht sich alles um die elementaren Datentypen von Java und die zugehörigen Wrapper-Klassen des Standard-API. Hier können Sie überprüfen, inwieweit Sie mit den Möglichkeiten und Wertebereichen der Typen vertraut sind. Ein weiterer Schwerpunkt liegt auf der Typumwandlung, also der Konvertierung eines Wertes in den entsprechenden Wert eines anderen Typs.

Der zweite Teil geht auf die Besonderheiten der Verarbeitung von einzelnen Zeichen und Zeichenketten in Java ein. Hier ist natürlich ganz besonders die Klasse `String` zu erwähnen.

**Sie sollten wissen**

- welche Datentypen es gibt
- wie man Variablen anlegt
- was Wrapper-Klassen sind
- was der Wertebereich eines Datentyps ist und was passiert, wenn man ihn überschreitet
- das es explizite und implizite Typumwandlungen gibt und wie sie funktionieren
- was alphanumerische Zeichenketten sind und wie sie mithilfe der Klasse `String` verarbeitet werden

## 2.1 Elementare Datentypen und Wrapper-Klassen

**1.** Was sind elementare Datentypen?

**Lösung:**

Mithilfe von Datentypen wird dem Compiler mitgeteilt, welche Werte eine neu deklarierte Variable aufnehmen kann. Die Typen unterscheiden sich sowohl in ihrer Größe (die auch die maximal aufnehmbaren Werte vorgibt) als auch in den möglichen Inhalten. So gibt es beispielsweise numerische und alphanumerische Datentypen.

**2.** Was sind Wrapper-Klassen und was unterscheidet sie von elementaren Datentypen?

**Lösung:**

Während die elementaren Datentypen Bestandteil der Programmiersprache Java sind und ihre Namen deshalb Schlüsselwörter sind, gehören Wrapper-Klassen zum Java-Standard-API. Es handelt sich dabei demnach um echte Klassen, die in einem Package (`java.lang.*`) vorliegen und in den Quelltext eingebunden werden können.

Jede Wrapper-Klasse kapselt einen elementaren Datentyp (engl. wrapper: Hülle, Umschlag), z. B. gibt es zum elementaren Datentyp `int` die Klasse `Integer`. Wrapper-Klassen stellen einige nützliche (statische) Methoden und Konstanten zur Verfügung, die beispielsweise den Wertebereich des Datentyps angeben oder Konvertierungen in andere Typen vornehmen.

**3.** Welche grundlegenden Arten von elementaren Datentypen gibt es?

**Lösung:**

Es gibt

- ganzzahlige Typen (auch Integertypen genannt),
- Fließkommatypen,
- Wahrheitstypen (auch logische oder boolesche Typen genannt) und
- Charactertypen.

**4.** Welche Eigenschaft der elementaren Datentypen von Java spielt eine große Rolle für die Plattformunabhängigkeit?

**Lösung:**

Die auf allen Systemplattformen gleiche Größe. Andere Sprachstandards wie beispielsweise C/C++ müssen damit leben, dass ein Typ auf verschiedenen Plattformen unterschiedlich groß sein kann. So kann dann ein `int` auf der einen Plattform Werte zwischen ca. –2 Mrd. und +2 Mrd. aufnehmen und auf der anderen gerade mal zwischen ca. –32.000 und +32.000. Das kann zu üblen Laufzeitfehlern einer Software führen und muss bei der Portierung auf ein anderes System entsprechend berücksichtigt werden.

Java hingegen garantiert gleich bleibende Größe aller Datentypen auf allen Systemplattformen. Wenn ein `int` also auf einer Plattform gepasst hat, passt er auch auf allen anderen.

**5.** Java kennt vier elementare Datentypen für ganzzahlige Werte. Welche Typen sind das und wie groß sind sie (in Byte)?

**Lösung:**

Das sind die Typen `byte` (1 Byte), `short` (2 Byte), `int` (4 Byte) und `long` (8 Byte).

**6.** Ermitteln Sie die Wertebereiche, die Variablen der in der vorhergehenden Aufgabe erfragten Typen aufnehmen können. Schreiben Sie dazu ein kleines Programm namens `IntWertebereicheApp`, das die Wrapper-Klassen der Typen nutzt, um an diese Information heranzukommen.

**Lösung:**

Der folgende Quelltext (in der Datei *IntWertebereicheApp.java* abgespeichert) zeigt die Wertebereiche der ganzzahligen Datentypen an:

```
public class IntWertebereicheApp
{
    public static void main(String[] args)
    {
        System.out.println("Datentyp byte");
        System.out.println("\t" + Byte.MIN_VALUE + " bis "
                           + Byte.MAX_VALUE);
        System.out.println("\nDatentyp short");
        System.out.println("\t" + Short.MIN_VALUE + " bis "
                           + Short.MAX_VALUE);
        System.out.println("\nDatentyp int");
        System.out.println("\t" + Integer.MIN_VALUE + " bis "
                           + Integer.MAX_VALUE);
        System.out.println("\nDatentyp long");
        System.out.println("\t" + Long.MIN_VALUE + " bis "
                           + Long.MAX_VALUE);
    }
}
```

**7.** Schreiben Sie das Programm `LongBitweiseApp`, das die Bitrepräsentation eines (beliebigen) `long`-Wertes am Bildschirm ausgibt.

**Lösung:**

```
public class LongBitweiseApp
{
    public static void main(String[] args)
    {
        System.out.println(Long.toBinaryString(34527438));
    }
}
```

**8.** Betrachten Sie die folgende Variablendeklaration:

```
int einInteger = Integer.MAX_VALUE + 1;
```

Welchen Wert hat `einInteger` nach dieser Anweisung? Welche Schlussfolgerung ziehen Sie aus der Antwort?

**Lösung:**

Der Wert ist genau –2.147.483.648 (das entspricht `Integer.MIN_VALUE`). Der Grund dafür ist, dass durch die Addition von 1 auf `Integer.MAX_VALUE` der Wertebereich einer `int`-Variablen überschritten wird. Und wohin in so einem Fall mit der 1? Ganz klar, man fängt wieder unten an ...

Mit dem folgenden Programm können Sie die Antwort nachvollziehen:

```
public class IntWertebereichUeberschreitenApp
{
    public static void main(String[] args)
    {
        int einInteger = Integer.MAX_VALUE + 1;

        System.out.println("Wert:    " + einInteger);
        System.out.println("int Min: " + Integer.MIN_VALUE);
    }
}
```

Es gibt keinen Automatismus, der einen solchen Werteüberlauf verhindert. Somit sind Sie als Programmierer selbst dafür verantwortlich, dass Ihre Software in so einem Fall keinen Laufzeitfehler erzeugt. Erreichen können Sie das beispielsweise dadurch, dass Sie vor Wertezuweisungen und Berechnungen die Einhaltung des Wertebereichs prüfen. Die Attribute `MAX_VALUE` und `MIN_VALUE` der Wrapper-Klassen sind dafür sehr nützlich.

**9.** Erläutern Sie, was Fließkommatypen sind.

**Lösung:**

Fließkommatypen nehmen Zahlen mit einer variablen Zahl an Vor- und Nachkommastellen auf. Der Name deutet bereits an, dass das Komma von Stelle zu Stelle „fließen" kann, je nachdem wie genau die Zahl sein soll.

**10.** Java kennt zwei Fließkommatypen. Welche Typen sind das und wie groß sind sie (in Byte)?

**Lösung:**

Das sind die Typen `float` (4 Byte) und `double` (8 Byte).

**11.** Ermitteln Sie die Wertebereiche, die Variablen dieser Typen aufnehmen können. Schreiben Sie dazu ein kleines Programm namens `FloatWertebereicheApp`, das die Wrapper-Klassen der Typen nutzt, um an diese Information heranzukommen.

**Lösung:**

Das folgende Programm (in der Datei *FloatWertebereicheApp.java* abgespeichert) zeigt die Wertebereiche der Fließkommatypen an:

```
public class FloatWertebereicheApp
{
    public static void main(String[] args)
    {
        System.out.println("Datentyp float");
```

```
        System.out.println("\t" + Float.MIN_VALUE + " bis "
                                + Float.MAX_VALUE);
        System.out.println("\nDatentyp double");
        System.out.println("\t" + Double.MIN_VALUE + " bis "
                                + Double.MAX_VALUE);
    }
}
```

**12.** Schreiben Sie ein Programm mit dem Namen LongWrapperApp, in dem Folgendes geschieht:

**a)** Ein Objekt longObj der Wrapper-Klasse Long wird erstellt und mit dem Wert 42 initialisiert.

**b)** Eine Variable longVar vom Typ long wird erzeugt und ebenfalls mit dem Wert 42 initialisiert.

**c)** Der Inhalt des Objekts und der Variablen werden verglichen und das Ergebnis des Vergleichs auf dem Bildschirm ausgegeben („Die Werte sind gleich." bzw. „Die Werte sind ungleich.").

**Lösung:**

Um die Werte von longObj und longVar vergleichen zu können, muss entweder der Wert der Variablen in ein Long-Objekt umgewandelt oder der Wert von longObj als long ausgelesen werden (diese Variante wird im folgenden Lösungsvorschlag verwendet).

```
public class LongWrapperApp
{
    public static void main(String[] args)
    {
        // Teilaufgabe a)
        Long longObj = new Long(42);

        // Teilaufgabe b)
        long longVar = 42;

        // Teilaufgabe c)
        if (longObj.longValue() == longVar)
        {
            System.out.println("Die Werte sind gleich.");
        } else
        {
            System.out.println("Die Werte sind ungleich.");
        }
    }
}
```

**13.** Erläutern Sie, warum die `if`-Abfrage

```
if (longObj == longVar) {...}
```

nicht geeignet ist, um in `LongWrapperApp` (siehe vorhergehende Aufgabe) die Werte von `longVar` und `longObj` miteinander zu vergleichen. Stattdessen erzeugt sie einen Compilerfehler.

**Lösung:**

`longObj` ist ein Objekt der Klasse `Long`, während `longVar` „nur" eine Variable des elementaren Datentyps `long` ist. Deshalb sind beide völlig unterschiedlicher Natur, obwohl sie sich namentlich sehr ähnlich sind. Und leider gibt es ohne weiteres keine Möglichkeit, ein Objekt direkt mit einer einfachen Variablen zu vergleichen.

**14.** Erläutern Sie, warum auch der nachfolgende Quelltext nicht geeignet ist, um in `LongWrapperApp` (siehe Aufgabe 12) die Werte von `longVar` und `longObj` miteinander zu vergleichen:

```
Long longObj2 = new Long(longVar);

if (longObj == longObj2) {...}
```

Er erzeugt zwar keinen Compilerfehler, aber die `if`-Abfrage liefert immer ein *false* zurück. Warum ist das so?

**Lösung:**

Hier werden zwei Objekte der Klasse `Long` miteinander verglichen. Die Objekte haben zwar die gleichen Werte, es sind jedoch immer noch zwei verschiedene, eigenständige Instanzen. Man sagt auch „Die Objektidentität der beiden Instanzen ist unterschiedlich." Deshalb liefert der Vergleich der beiden Objekte unabhängig vom dahinter steckenden `long`-Wert immer *false*.

**15.** Schreiben Sie ein Programm namens `BitZuIntegerApp`, um die duale Zahl 100111010 in das Dezimalsystem umzurechnen.

**Lösung:**

```
public class BitZuIntegerApp
{
    public static void main(String[] args)
    {
        String bitWert = "100111010";
        int    intWert = Integer.parseInt(bitWert, 2);

        System.out.println("Im Dezimalsystem ist der Wert " + intWert);
    }
}
```

## 2.2 Typumwandlung

**16.** Was versteht man unter Typumwandlung?

**Lösung:**

Man spricht von einer Typumwandlung, wenn der Datentyp eines Wertes verändert wird. So kann beispielsweise ein Wert vom Typ `int` in einen Wert vom Typ `long` umgewandelt werden. Wenn Typumwandlungen korrekt durchgeführt werden, bleibt der eigentliche Wert unverändert.

**17.** Wie kann es bei einer Typumwandlung zu unerwünschten Veränderungen im Wert kommen?

**Lösung:**

Als unerwünschte Veränderungen bei einer Typumwandlung würde man es bezeichnen, wenn der Wert, dessen Typ verändert wird, auch inhaltlich verändert wird. Dazu kann es beispielsweise kommen, wenn eine zu große Zahl in einen kleineren Typ oder ein Fließkomma in einen ganzzahligen Wert umgewandelt wird.

**18.** Java verhindert, dass solche unerwünschten Veränderungen versehentlich geschehen und weist den Programmierer während des Kompilierens auf mögliche Datenverluste durch Typumwandlungen hin. Wie funktioniert dieser Sicherheitsmechanismus? Erläutern Sie in diesem Zusammenhang den Begriff Zuweisungskompatibilität.

**Lösung:**

Es gibt Datentypen, die untereinander zuweisungskompatibel sind, d.h., dass Werte eines Typs gefahrlos ohne Datenverlust in einen anderen Typ umgewandelt werden können. So kann beispielsweise aus einem `int`-Wert jederzeit ein `long` gemacht werden, weil `int`-Werte kleiner sind und auf jeden Fall in einen `long` passen.

Java prüft nun beim Kompilieren alle impliziten Typumwandlungen (siehe auch folgende Aufgabe) daraufhin, ob die jeweiligen Typen zuweisungskompatibel sind. Ist das der Fall, wird die Umwandlung durchgeführt. Ansonsten gibt der Compiler eine entsprechende Fehlermeldung aus („possible loss of precision") und bricht den Vorgang ab.

**19.** Was versteht man unter expliziter bzw. impliziter Typumwandlung? Nennen Sie jeweils ein Beispiel.

**Lösung:**

Von einer *impliziten Typumwandlung* wird gesprochen, wenn die Umwandlung nicht ausdrücklich durch den Programmierer gefordert wird, aber trotzdem notwendig ist. Zum Beispiel beinhaltet der Quelltext

```
int  intVariable  = 42;
long longVariable = intVariable;
```

eine implizite Typumwandlung. Hier wird nämlich ein `int`-Wert in einen `long` umgewandelt, ohne dass das entsprechend explizit erwähnt würde.

Hingegen ist

```
long longVariable = (int)intVariable;
```

eine *explizite Typumwandlung*, denn hier hat der Programmierer angegeben, in welchen Typ er den Inhalt von `intVariable` umwandeln möchte.

**20.** Ist die folgende Quelltextzeile korrekt? Korrigieren Sie sie gegebenenfalls!

```
float floatVar = 42.0;
```

**Lösung:**

Sie ist nicht korrekt. Gleitkomma-Literale werden von Java (wenn nicht anders angegeben) stets als `double`-Werte interpretiert. Hier wird also versucht, einer `float`-Variablen einen `double` zuzuweisen. Das ist der Versuch einer impliziten Umwandlung, der in diesem Fall nicht funktioniert weil `float` kleiner ist als `double`. Damit diese Zeile funktioniert, muss sie folgendermaßen umgeschrieben werden:

```
float floatVar = 42.0f;
```

**21.** Java verhindert implizite Typumwandlungen, wenn aufgrund fehlender Zuweisungskompatibilität ein Datenverlust möglich ist. Wie kann man diesen Sicherheitsmechanismus umgehen und worauf muss man dabei achten, um die Stabilität der Software nicht zu gefährden?

**Lösung:**

Wenn eine Typumwandlung trotz der (theoretischen) Möglichkeit eines Datenverlusts durchgeführt werden soll, muss sie explizit gemacht werden. In diesem Fall sollte aber dringend darauf geachtet werden, dass nicht tatsächlich ein Datenverlust (z.B. durch Überschreitung eines Wertebereichs oder Abschneiden von Nachkommastellen) vorkommen kann. Eine Annahme wie „Na ja, kommt eigentlich nicht vor ...“ ist Gift für die Qualität Ihrer Software. Irgendwann kommt es nämlich doch vor. Stellen Sie durch Programmlogik sicher, dass es nicht zu (unbemerkten) Verlusten kommen kann – im Zweifelsfall ist eine saubere Fehlermeldung immer noch besser als ein versteckter Fehler oder ein Programmabsturz!

**22.** Es gibt explizite und implizite Typumwandlung. Bestimmen Sie jeweils, in welche Kategorie die folgenden Quelltextbeispiele fallen, und nennen Sie den Quell- und den Zieltyp der Umwandlung:

a)
```
long aLongVar = 10 + 20;
```

b)
```
int bIntVar  = 20;
long bLongVar = 10 + bIntVar;
```

c)
```
long cLongVar1 = 20;
long cLongVar2 = 10 + cLongVar1;
```

d)
```
long dLongVar1 = 20;
long dLongVar2 = (long)10 + dLongVar1;
```

e)
```
double eDoubleVar = 10.5 + 19.5f;
```

f)
```
double fDoubleVar = 10.5f + 19.5f;
```

g)
```
byte gByteVar = (byte)(10 + 20);
```

h)
```
double hDoubleVar = 10.5 + 20;
```

**Lösungen:**

a) Ganzzahlige numerische Wert werden in Java stets als `int` interpretiert, d.h., die Summe auf der rechten Seite wird zunächst einmal ein `int`-Wert. Dieser wird implizit in einen `long` konvertiert, weil dabei kein Datenverlust droht.

b) Hier gilt das Gleiche wie zuvor. Der einzige Unterschied ist, dass ein numerischer Wert auf eine `int`-Variable addiert wird. Die Summe ist auch hier ein `int`.

c) Die Addition eines `int`-Wertes mit einem `long`-Wert ergibt einen `long`, die 10 wird also implizit in einen `long` konvertiert. Das Ergebnis kann ohne weitere Umwandlung einer `long`-Variablen zugewiesen werden.

d) Dieses Beispiel entspricht im Ergebnis dem Quelltext aus dem vorherigen Beispiel. Allerdings wird die 10 hier explizit in einen `long` konvertiert.

e) Fließkomma-Literale werden von Java stets als `double` interpretiert, d.h., auf der rechten Seite der Gleichung wird 19.5 explizit zu `float` umgewandelt und anschließend zu einem `double` addiert. Dabei wird der `float` implizit wieder zu einem `double` zurückkonvertiert und die Summe somit auch ein `double`.

f) Hier werden beide Summanden auf der rechten Seite der Gleichung explizit zu `float` umgewandelt, sodass auch die Summe zunächst ein `float`-Wert ist. Bei der Zuweisung auf eine `double`-Variable wird allerdings eine implizite Typumwandlung von `float` nach `double` vorgenommen.

g) Die Summe innerhalb der Klammern ist zunächst ein `int`-Wert, der explizit in einen `byte` umgewandelt wird.

h) Vor der Addition mit einem `double` wird der `int`-Wert zunächst implizit in einen `double` umgewandelt. Die Summe ist deshalb auch ein `double` und kann einer `double`-Variablen zugewiesen werden.

**23.** Betrachten Sie den nachfolgenden Code. Was müssen Sie tun, um die Methode `addiere()` dahingehend abzusichern, dass es auf keinen Fall einen Überlauf des Wertebereichs des Rückgabetyps gibt?

```
int addiere(short summand1, short summand2)
{
    return summand1 + summand2;
}
```

**Lösung:**

Gar nichts! Die Methode addiert zwei `short`-Werte miteinander und gibt einen `int` zurück. Der maximale Wert eines `short` ist aber weitaus kleiner als die Hälfte eines `int`. Somit kann die Summe von zwei `short`-Werten niemals den Wertebereich eines `int` überspringen. Die Methode ist also so wie hier gezeigt sicher.

**24.** Betrachten Sie die nachfolgende (noch nicht funktionsfähige) `addiere()`-Methode, die einen Überlauf des Rückgabewertes verhindern soll. Erläutern Sie die (beabsichtigte) Funktionsweise der Methode und versuchen Sie vorauszusagen, mit welcher Meldung der Compiler darauf reagieren wird. Warum wird die Methode nicht kompiliert?

```
public static int addiere(int sum1, int sum2)
{
   long ergebnis = sum1 + sum2;

   if ( ergebnis > Integer.MAX_VALUE || ergebnis < Integer.MIN_VALUE )
   {
      System.out.println("Addition überschreitet Wertebereich!");
      return 0;
   } else {
      return ergebnis;
   }
}
```

**Lösung:**

Zunächst wird die Summe der Funktionsparameter `sum1` und `sum2` gebildet und in einer Variablen vom Typ `long` gespeichert. Die Summe von `int`-Werten kann den Wertebereich eines `long` nicht überschreiten, daher kann es hier noch nicht zu einem Überlauf kommen. Anschließend wird mit einer `if`-Abfrage kontrolliert, ob das Ergebnis noch im Wertebereich eines `int` liegt. Die dazu nötigen Bereichsgrenzen bekommt man von der Wrapper-Klasse `Integer`. Liegt der Wert außerhalb, wird eine Warnmeldung ausgegeben und der Wert 0 zurückgegeben. Ansonsten wird die berechnete Summe zurückgegeben.

Das Problem ist: Die Summe der Funktionsparameter `sum1` und `sum2` wird in einer Variablen des Typs `long` gespeichert, der Rückgabetyp der Funktion ist `int`. Wenn nun die `long`-Variable mithilfe von `return` zurückgegeben würde, so müsste eine Typumwandlung von `long` auf `int` (also von einem größeren Typ auf einen kleineren) stattfinden. Dabei kann es aber (zumindest theoretisch) zu einem Verlust von Daten kommen, sodass der Compiler diese Umwandlung nicht implizit vornimmt und stattdessen abbricht.

**25.** Schreiben Sie die Methode `addiere()` aus der vorhergehenden Aufgabe so um, dass sie kompiliert (funktionieren soll sie noch nicht). Begründen Sie Ihre Änderung.

**Lösung:**

Um die Methode auf einen kompilierbaren (aber noch nicht funktionsfähigen) Stand zu bringen, muss die Variable `ergebnis` vor der Rückgabe einer expliziten Typumwandlung von `long` nach `int` unterzogen werden. Die Möglichkeit eines Datenverlusts besteht bei einer expliziten Umwandlung natürlich noch genauso wie bei einer impliziten. In diesem Fall kann sie aber ausgeschlossen werden, weil ja zuvor der Wertebereich abgefragt worden ist. Der Compiler gibt keine Fehlermeldung mehr aus, denn er nimmt an, dass der Programmierer bei einer expliziten Typumwandlung schon weiß, was er tut ...

```
public static int addiere(int sum1, int sum2)
{
   long ergebnis = sum1 + sum2;

   if ( ergebnis > Integer.MAX_VALUE || ergebnis < Integer.MIN_VALUE )
   {
      System.out.println("Addition überschreitet Wertebereich!");
      return 0;
   } else
   {
      return (int)ergebnis;
   }
}
```

**26.** Die Methode `addiere()` aus der vorhergehenden Aufgabe kompiliert jetzt, aber sie funktioniert noch nicht. Schreiben Sie ein kleines Testprogramm, in das Sie die Methode einbauen, und finden Sie den Fehler. Beschreiben und beheben Sie ihn.

**Lösung:**

Eine mögliche Variante eines kleinen Testprogramms ist der unten stehende Quelltext. Mit ihm lässt sich auch feststellen, dass niemals eine Warnmeldung ausgegeben wird. Stattdessen läuft die Variable `ergebnis` weiterhin über, wenn der Wertebereich überschritten wird.

Der Grund dafür liegt in der Zeile

```
long ergebnis = sum1 + sum2;
```

Hier wird zunächst die Operation rechts vom Gleichzeichen abgearbeitet, also die beiden `int`-Werte addiert. Während die Addition durchgeführt wird, macht sich die virtuelle Maschine noch keine Gedanken darum, in welcher Variablen das Ergebnis gespeichert werden soll und welchen Datentyp sie hat. Und so ist der Fall ganz einfach: Zwei `int`-Werte werden addiert, also ist das Ergebnis für Java auch erst einmal ein `int`. Und wenn der Wertebereich überschritten wird, ist das eben so. Was auch immer für ein Quatsch dabei herauskommt, wird erst im zweiten Schritt einem ausreichend großen long zugewiesen. In diesem Moment ist das Kind aber bereits in den Brunnen gefallen.

Die Lösung besteht auch hier aus expliziten Typumwandlungen. Wenn sum1 und sum2 vor der Addition in long-Werte umgewandelt werden, ist auch die Summe ein long. Und den kann man später daraufhin prüfen, ob er innerhalb des Wertebereichs von int liegt.

```
public class IntAdditionApp
{
    public static void main (String[] args)
    {
      int s1    = 1;
      int s2    = Integer.MAX_VALUE;
      int summe = addiere(s1, s2);
      System.out.println("Ergebnis: " + summe);
    }

    public static int addiere(int sum1, int sum2)
    {
      long ergebnis = (long)sum1 + (long)sum2;

      if ( ergebnis > Integer.MAX_VALUE ||
           ergebnis < Integer.MIN_VALUE )
      {
         System.out.println("Addition überschreitet Wertebereich!");
         return 0;
      } else
      {
         return (int)ergebnis;
      }
    }
}
```

# 2.3 Operatoren

**27.** Was sind Operatoren?

**Lösung:**

Operatoren sind unentbehrlich für eine Programmiersprache. Durch einen Operator wird der Computer angewiesen, eine bestimmte Operation mit mehreren Variablen bzw. Werten durchzuführen. Das können beispielsweise Additionen, Multiplikationen oder Vergleiche sein.

**28.** Operationen können in vier verschiedene Klassen eingestuft werden. Welche sind das?

**Lösung:**

*Zuweisungsoperationen*, *arithmetische Operationen*, *boolesche Operationen* und *Vergleichsoperationen*.

**29.** Was versteht man unter der *Priorität* eines Operators? In diesem Zusammenhang fällt auch manchmal der Begriff *operator ranking*.

**Lösung:**

Alle Operatoren sind in Rangstufen eingeordnet, die die Ausführungsreihenfolge bestimmen. Je höher der Rang eines Operators ist, desto eher wird er in einem Ausdruck mit mehreren Operationen ausgeführt. Der Operator für die Multiplikation hat z.B. einen höheren Rang als der für die Addition (Punkt- geht vor Strichrechnung).

**30.** Welche Vergleichsoperatoren kennen Sie?

**Lösung:**

Es gibt die Vergleichsoperatoren *gleich* (==), *ungleich* (!=), *kleiner* (<), *kleiner gleich* (<=), *größer* (>) und *größer gleich* (>=).

**31.** Vervollständigen Sie die folgende Wahrheitstabelle (nehmen Sie dabei an, dass die Raumtemperatur bei Ihnen im Augenblick genau 21° Celsius beträgt):

| Ausdruck | Wahrheitswert |
|---|---|
| `(aktuelleTemperatur == 21)` | |
| `(aktuelleTemperatur != 21)` | |
| `(aktuelleTemperatur < 21)` | |
| `(aktuelleTemperatur <= 21)` | |
| `(aktuelleTemperatur > 21)` | |
| `(aktuelleTemperatur >= 21)` | |

**Lösung:**

Die vollständige Wahrheitstabelle lautet:

| Ausdruck | Wahrheitswert |
|---|---|
| `(aktuelleTemperatur == 21)` | true |
| `(aktuelleTemperatur != 21)` | false |
| `(aktuelleTemperatur < 21)` | false |
| `(aktuelleTemperatur <= 21)` | true |
| `(aktuelleTemperatur > 21)` | false |
| `(aktuelleTemperatur >= 21)` | true |

**32.** Wie kann die folgende arithmetische Operation vereinfacht werden, damit der Schreibaufwand reduziert und die Lesbarkeit verbessert wird? Nennen Sie mindestens drei verschiedene Varianten!

```
zaehler = zaehler + 1;
```

**Lösung:**

- Möglichkeit 1 verwendet den *Postinkrement-Operator:*
  `zaehler++;`
- Möglichkeit 2 verwendet den *Preinkrement-Operator:*
  `++zaehler;`
- Möglichkeit 3 verwendet den speziellen *Zuweisungsoperator* +=:
  `zaehler += 1;`

**33.** Erläutern Sie den Unterschied zwischen dem Pre- und dem Postinkrement-Operator.

**Lösung:**

Je nachdem, ob der Operator der Variablen vor- oder nachgestellt ist, verändert sich sein Rang. Steht der Operator vor der Variablen, hat er einen höheren Rang, als wenn er dahinter steht. Somit verändert sich die Ausführungsreihenfolge der Operatoren.

**34.** Betrachten Sie das folgende Programm. Welcher Text wird ausgegeben? Begründen Sie Ihre Antwort.

```
public class PreDemoApp
{
  public static void main(String[] argument)
  {
    int anzahl = 5;
    if (++anzahl == 6)
      System.out.println("Erst gerechnet: " + anzahl);
    else
      System.out.println("Erst verglichen: " + anzahl);
  }
}
```

**Lösung:**

Es wird der Text „Erst gerechnet: 6" ausgegeben, weil der hier verwendete Preinkrement-Operator eine höhere Priorität hat als der Vergleichsoperator. Somit wird erst die Variable um 1 auf 6 erhöht und dann der Vergleich durchgeführt.

**35.** Wenn arithmetische Operationen mit Variablen verschiedener elementarer Datentypen durchgeführt werden, wird der Datentyp für das Ergebnis nach bestimmten Regeln festgelegt. Geben Sie jeweils an, welcher Datentyp aus den folgenden Operationen resultiert:

a) `int + int`

b) `long + int`

c) `float + double`

d) `float + byte`

e) `double + long`

**Lösungen:**

a) `int`

b) `long`

c) `double`

d) `float`

e) `double`

**36.** Welchen Wert hat `ergebnis` nach der folgenden Operation?

```
int ergebnis = 47 % 24;
```

**Lösung:**

Da der *Modulo-Operator* `%` den Rest einer ganzzahligen Division berechnet, wird `ergebnis` hier mit dem Wert 23 initialisiert.

**37.** Auf welchen Datentypen kann der Modulo-Operator ausgeführt werden?

**Lösung:**

Auf allen numerischen Datentypen, also auch auf Fließkommazahlen. Allerdings wird die Division stets ganzzahlig durchgeführt, d.h., das Ergebnis besitzt keine Nachkommastellen.

**38.** Welchen Wert hat k nach der Durchführung der folgenden Operationen? Ermitteln Sie das Ergebnis möglichst, ohne ein Programm dafür zu schreiben und es auszuprobieren!

```
int i, j, k;
i = 5;
j = 7;
k = 3;
k *= --i * j++;
```

**Lösung:**

Das Ergebnis lautet 84.

**39.** Welche Ausgabe erzeugt das folgende Programm am Bildschirm?

```
public class QuaderBerechnungApp
{
    public static void main(String[] args)
    {
        int laenge, breite, hoehe;
        boolean quader;

        laenge = hoehe = 10;
        breite = 20;
        quader = (laenge == hoehe && laenge == breite);
        System.out.println("Quader ist ein Würfel: " + quader);

        laenge = hoehe = 10;
        breite = (breite - laenge);
        quader = (laenge == hoehe && laenge == breite);
        System.out.println("Quader ist ein Würfel: " + quader);
    }
}
```

**Lösung:**

Das Programm erzeugt die Ausgabe

```
Quader ist ein Würfel: false
Quader ist ein Würfel: true
```

**40.** Wie oft gibt das folgende Programm den Text „Hallo Welt!“ auf dem Bildschirm aus? Um das (durch Überlegung ermittelte) Ergebnis am Computer nachvollziehen zu können, wird in `lfdNr` die Anzahl der Ausgaben mitgezählt und ausgegeben:

```
public class HalloWeltApp
{
    public static void main(String[] args)
    {

        int zaehler = 1;
        int lfdNr   = 1;

        while (++zaehler < 10)
       {
            System.out.println(lfdNr + ": Hallo Welt!");
            lfdNr++;
        }
    }
}
```

**Lösung:**

Der Text wird 8-mal ausgegeben. Wenn die Variable `zaehler` statt mit 1 mit 0 initialisiert wird, kommt man auf neun Ausgaben. Wird dann auch noch statt dem Pre- der Postinkrement-Operator verwendet, erscheint der Text 10-mal auf dem Bildschirm.

## 2.4 Zeichen und Zeichenketten

**41.** Wie lang darf eine Zeichenkette maximal sein, wenn sie in einer Variablen vom Typ `char` abgelegt werden soll?

**Lösung:**

Eine `char`-Variable kann maximal ein einzelnes Zeichen aufnehmen, keine Zeichenketten.

**42.** Wie groß (in Bit) ist eine Variable vom Typ `char`?

**Lösung:**

Sie ist 16 Bit (also 2 Byte) groß.

**43.** Die Größe einer `char`-Variablen in Java ist verglichen mit anderen Programmiersprachen etwas ungewöhnlich. Wie groß ist diese Abweichung und wie erklärt sie sich?

**Lösung:**

Üblicherweise ist ein `char` 8 Bit groß und kann somit ein Zeichen aus dem Vorrat des *ASCII*-Code (oder einer vergleichbaren Zeichentabelle) aufnehmen. Java arbeitet intern aber nicht mit einer ASCII-Tabelle, die je nach Ländercode und Plattform anders aussehen könnte. Stattdessen werden alle Zeichen als *Unicodes* abgebildet. Ein Unicode-Zeichen benötigt 16 Bit Speicherplatz, kann dafür aber mehr als 65.000 Zeichen abbilden. Die Unicode-Zeichentabelle kann deshalb auch besondere Zeichen verschiedenster Sprachräume aufnehmen, während ein länderabhängiger ASCII-Code jeweils nur die landesspezifischen Sonderzeichen (z.B. Umlaute in Deutschland) kennt.

**44.** Was ist der Unterschied zwischen den beiden folgenden Quelltextzeilen? Sind beide zulässig?

```
char einChar = "a";
char einAndererChar = 'a';
```

**Lösung:**

Die erste Zeile würde einen Compilerfehler erzeugen. Der Buchstabe steht dort in doppelten Anführungszeichen, wodurch Java bedeutet wird, dass es sich dabei um eine Zeichenkette handelt. Auch wenn diese in diesem Fall nur aus einem Zeichen besteht, wird sie doch wie eine Kette behandelt und kann dementsprechend nicht einem `char` zugewiesen werden. In der zweiten Zeile steht das Zeichen richtigerweise in einzelnen Anführungszeichen und wird dementsprechend auch nur wie ein einzelnes Zeichen behandelt. Diese Zeile wird kompiliert.

**45.** Einer `char`-Variablen kann ein Zeichen auch in hexadezimaler Form zugewiesen werden (vierstellig mit vorangestelltem `\u`). Mit dem hexadezimalen Inhalt der Variablen kann auch gerechnet werden.

Schreiben Sie ein Programm `UnicodeApp`, das die ersten 256 Zeichen der Unicode-Tabelle zeilenweise auf dem Bildschirm ausgibt. Die Zeilen sollen durchnummeriert sein. Wie erklären Sie sich das Darstellungsproblem zwischen Zeile 10 und 11 der Ausgabe?

**Lösung:**

```
public class UnicodeApp
{
    public static void main(String[] args)
    {

        char einChar = '\u0000';
        for (long zaehler = 0; zaehler < 256; zaehler++)
        {
```

```
            System.out.println(zaehler + ":\t" + einChar);
            einChar++;
        }
    }
}
```

Das nicht druckbare Unicode-Zeichen mit dem Code 10 ist der Zeilenumbruch (Carriage Return). Bei der Ausgabe mittels `println()`-Methode wird dieses Zeichen auch als Zeilenumbruch interpretiert und dementsprechend angezeigt. So kommt es zu der Leerzeile zwischen den Zeichen 10 und 11.

**46.** Welche Möglichkeit sehen Sie, auch mithilfe des Datentyps `char` ganze Zeichenketten zu speichern?

**Lösung:**

Eine Möglichkeit ist, ein Array von `char`-Werten zu erstellen. In der Programmiersprache C wird die Stringverarbeitung stets auf diese Weise durchgeführt. Das Array muss dazu mindestens so viele Elemente haben, wie die Zeichenkette lang ist. Über den Index lassen sich dann einzelne Buchstaben aus dem Text setzen oder herauslesen. Um Zugriff auf den gesamten String zu bekommen, muss das Array von Anfang bis Ende durchgegangen werden.

**47.** Was ist eine weitaus bessere Möglichkeit, Zeichenketten zu speichern und zu bearbeiten?

**Lösung:**

Das Java-Standard-API enthält die Klassen `java.lang.String` und `java.lang.StringBuffer`, die beliebig lange Zeichenketten komfortabel verwalten helfen und viele nützliche Methoden zur Verfügung stellen.

**48.** Erläutern Sie den Unterschied zwischen den Klassen `String` und `StringBuffer`.

**Lösung:**

*Instanzen der Klasse* `java.lang.String` nehmen jeweils eine String-Konstante auf. Dem Konstruktor dieser Klasse muss eine Zeichenkette als Argument übergeben werden, die im Nachhinein nicht mehr veränderbar ist. Im Gegensatz dazu ist `java.lang.StringBuffer` eine Klasse für die Arbeit mit variablen Zeichenketten. Dem Konstruktor muss nicht unbedingt eine Zeichenkette zur Initialisierung übergeben werden. Der Inhalt eines `StringBuffer`-Objekts ist jederzeit veränderbar und die Klasse stellt einige Methoden zur Veränderung zur Verfügung.

**49.** Ist der folgende Quelltext korrekt oder erzeugt er einen Compilerfehler? Berücksichtigen Sie bei der Beurteilung die Antwort der vorhergehenden Frage und erläutern Sie die Lösung.

```
String abc = "abc";
abc = abc + "def";
```

**Lösung:**

Der Quelltext ist korrekt – er kompiliert und funktioniert auch. Das ist zunächst etwas verwunderlich, denn in der vorhergehenden Antwort wurde ja festgestellt, dass der Text eines `String`-Objekts unveränderbar ist. Hier wird in der zweiten Zeile aber genau das gemacht: Der im Objekt `abc` abgelegte Text wird um drei weitere Zeichen ergänzt.

Erlaubt ist diese Konstruktion, weil intern gar nicht der vorhandene Text erweitert, sondern ein neues `String`-Objekt angelegt wird. Der Inhalt dieses Objekts ist der neu zusammengebaute Text. Dadurch das der bestehende Name einem neuen Objekt sozusagen „zugeordnet" wird, geht das alte Objekt an dieser Stelle verloren. Der Garbage Collector wird es bei der nächsten Gelegenheit zerstören.

**50.** Die `String`-Objekte `string1` und `string2` sind gegeben und werden folgendermaßen deklariert:

```
String string1 = "HalloWeltApp.java";
String string2 = "halloweltapp.java";
String string3 = "XaversAdressen.txt";
```

a) Formulieren Sie eine `if`-Abfrage, die prüft ob `string1` mit der Zeichenfolge „.class" endet. Falls nicht, so soll der Text „Keine kompilierte Java-Datei!" auf dem Bildschirm ausgegeben werden.

b) Formulieren Sie eine `if`-Abfrage, die `string1` und `string2` unter Berücksichtigung der Groß- und Kleinschreibung miteinander vergleicht.

c) Formulieren Sie eine `if`-Abfrage, die `string1` und `string2` ohne Berücksichtigung der Groß- und Kleinschreibung miteinander vergleicht.

d) Geben Sie `string2` und `string3` untereinander auf dem Bildschirm aus. Sortieren Sie die Ausgabe dabei so, dass der lexikalisch kleinste Eintrag oben steht. (Hinweis: Für diese Aufgabe muss nicht unbedingt ein Sortieralgorithmus implementiert werden. Eine einfache `if`-Abfrage reicht an dieser Stelle aus.)

**Lösungen:**

a)
```
if (!string1.endsWith(".class"))
{
   System.out.println("Keine kompilierte Java-Datei!");
}
```

b)
```
if (string1 == string2)
{
  System.out.println("Die Strings sind gleich!");
} else
{
  System.out.println("Die Strings sind ungleich!");
}
```

c)
```
if (string1.equalsIgnoreCase(string2))
{
  System.out.println("Die Strings sind gleich!");
} else
{
  System.out.println("Die Strings sind ungleich!");
}
```

d)
```
if (string1.compareTo(string2) > 0)
{
  System.out.println(string3);
  System.out.println(string2);
} else
{
  System.out.println(string2);
  System.out.println(string3);
}
```

**51.** Schreiben Sie ein Programm, das einen beliebigen Text vollständig in Großbuchstaben umwandelt und unter Angabe der Länge auf dem Bildschirm ausgibt. Außerdem sollen alle führenden Leerzeichen entfernt werden. Beispieltext: „   Fischers Fritz fischt frische Fische."

**Lösung:**

```
public class TextlaengeApp
{
    public static void main(String[] args)
    {
        String text   = "   Fischers Fritz fischt frische Fische.";
        int    laenge = 0;

        text   = text.toUpperCase().trim();
        laenge = text.length();

        System.out.println("Text:   " + text);
        System.out.println("Länge:  " + laenge);
    }
}
```

**52.** Schreiben Sie ein Programm, das aus dem Text „Fischers Fritz fischt frische Fische“ mithilfe von `String` Methoden den neuen Text „Fischers frische Fische“ zusammensetzt.

**Lösung:**

Nutzen Sie die Methode `substring()`, um die Teiltexte auszuschneiden und in einem neuen String zusammenzubauen:

```
public class FischersFritzApp
{
    public static void main(String[] args)
    {
        String text   = "Fischers Fritz fischt frische Fische";
        String neuerText;

        neuerText  = text.substring(0, 9);
        neuerText += text.substring(22, 36);

        System.out.println(neuerText);
    }
}
```

**53.** Schreiben Sie ein Programm, das feststellt ob, der Text „fischers fritz fischt frische fische“ die Zeichenkette „fisch“ enthält. (Hinweis: Diese Aufgabe ist recht schwer zu lösen, wenn Sie bisher noch keine Erfahrungen mit den so genannten regulären Ausdrücken haben. Die Java-API-Dokumentation ist an dieser Stelle etwas dürftig, reicht aber für diesen einfachen Anwendungsfall gerade noch aus.)

**Lösung:**

Nutzen Sie die `matches()`-Methode von `String` und einen einfachen regulären Ausdruck als Parameter:

```
public class RegExApp
{
    public static void main(String[] args)
    {
        String text   = "fischers fritz fischt frische fische";

        if (text.matches(".*fisch.*"))
        {
            System.out.println("Text enthält 'fisch'");
        } else
        {
            System.out.println("Text enthält nicht 'fisch'");
        }
    }
}
```

# Modul 3

# Kontrollstrukturen

In diesem Kapitel geht es um die Sprachelemente von Java, die der Programmflusskontrolle dienen. Der Umgang mit diesen Elementen gehört zu den Grundfähigkeiten eines Programmierers und muss sicher sitzen. Mit den Aufgaben in diesem Kapitel können Sie überprüfen, ob das bei Ihnen der Fall ist.

**Sie sollten wissen**

- welche Entscheidungskonstrukte es gibt
- wie sie funktionieren
- für welche Anwendungen sie jeweils am besten geeignet sind
- welche Arten von Schleifen es gibt
- welche Sprunganweisungen es gibt

## 3.1 Entscheidungskonstrukte

**1.** Schreiben Sie das Programm `ZahlenVergleichenApp`, das zwei `int`-Werte einliest und den größeren ausgibt.

**Lösung:**

```
import java.io.*;
public class ZahlenVergleichenApp
{
    public static void main(String[] argument)
    {

        int               zahl1 = 0, zahl2 = 0;
        String            eingabe;
        InputStreamReader in     = new InputStreamReader(System.in);
        BufferedReader    puffer = new BufferedReader(in);

        try
        {
            // Zahl 1 einlesen
            System.out.print("Zahl 1: ");
            eingabe = puffer.readLine();
            zahl1 = Integer.parseInt(eingabe);
            // Zahl 2 einlesen
            System.out.print("Zahl 2: ");
            eingabe = puffer.readLine();
            zahl2 = Integer.parseInt(eingabe);
        } catch (Exception e)
        {
```

```
            System.out.println("Ungültige Zahl eingegeben!");
        }

        // Ausgabe
        if (zahl1 > zahl2)
        {
            System.out.println("Größerer Wert: " + zahl1);
        } else
        {
            System.out.println("Größerer Wert: " + zahl2);
        }
    }
}
```

**2.** Schreiben Sie ein Programm, das eine Zahl einliest und den dazugehörigen Kehrwert ausgibt. Zusätzlich soll überprüft werden, ob die eingegebene Zahl 0 war. In diesem Fall soll eine Meldung ausgegeben werden, dass kein Kehrwert gebildet werden kann.

**Lösung:**

```
import java.io.*;
public class KehrwertApp
{
    public static void main(String[] argument)
    {
        int               zahl = 0;
        double            kehrwert = 0;
        String            eingabe;
        InputStreamReader in     = new InputStreamReader(System.in);
        BufferedReader    puffer = new BufferedReader(in);

        try
        {
            // Zahl einlesen
            System.out.print("Zahl: ");
            eingabe = puffer.readLine();
            zahl    = Integer.parseInt(eingabe);
        } catch (Exception e)
        {
            System.out.println("Ungültige Zahl eingegeben!");
        }

        // Ausgabe
        if (zahl != 0)
        {
            kehrwert = 1d / zahl;
            System.out.println("Kehrwert: " + kehrwert);
        } else
        {
            System.out.println("Bildung des Kehrwerts nicht möglich.");
        }
```

```
    }
}
```

**3.** Wie kann man das folgende Listing vereinfachen?

```
    if (zahl > -5)
    {
       if (zahl < 5)
       {
          System.out.println("zahl liegt zwischen -5 und 5");
       }
    }
```

**Lösung:**

Die beiden `if`-Abfragen lassen sich durch den booleschen UND-Operator miteinander verknüpfen:

```
if (zahl > -5 && zahl < 5)
{
  System.out.println("zahl liegt zwischen -5 und 5");
}
```

**4.** Schreiben Sie ein Programm, das von der Tastatur eine beliebige Zeichenfolge einliest und prüft, ob es sich dabei um eine Zahl zwischen 1 und 5 handelt. Liegt die Zahl in diesem Intervall, ist sie auszugeben, ansonsten soll eine entsprechende Meldung erscheinen. Die Aufgabe ist mithilfe der `switch-case`-Anweisung zu realisieren.

**Lösung:**

Hier wird die Eigenschaft des `switch`-Konstrukts genutzt, dass eine `break`-Anweisung zum Beenden eines Anweisungsblocks erforderlich ist. Sobald ein `case` zutrifft, werden alle Anweisungen bis zum nächsten `break` (oder dem Ende des `switch`-Blocks) ausgeführt:

```
import java.io.*;
public class ZeichenPruefenApp
{
    public static void main(String[] argument)
    {
        int               zahl = 0;
        String            eingabe;
        InputStreamReader in     = new InputStreamReader(System.in);
        BufferedReader    puffer = new BufferedReader(in);

        try
        {
            // Zeichen einlesen
            System.out.print("Zeichen: ");
            eingabe = puffer.readLine();
```

```
            zahl    = Integer.parseInt(eingabe);
        } catch (Exception e)
        {
            System.out.println("Eingabe ist keine Zahl!");
        }

        // Ausgabe
        switch (zahl)
        {
            case 1:
            case 2:
            case 3:
            case 4:
            case 5:
                System.out.println("Innerhalb des Bereichs.");
                break;
            default:
                System.out.println("Außerhalb des Bereichs.");
        }
    }
}
```

**5.** Schreiben Sie ein Programm namens `ZahlInfoApp`, das von der Tastatur eine Zahl einliest und danach prüft, ob sie größer, kleiner oder gleich 0 ist. Außerdem soll ausgegeben werden, ob es sich um eine gerade oder eine ungerade Zahl handelt.

**Lösung:**

Hier müssen Sie einmal ein `if-else-if` Konstrukt benutzen und außerdem den Modulo-Operator bemühen:

```
import java.io.*;
public class ZahlInfoApp
{
    public static void main(String[] argument)
    {
        int               zahl = 0;
        String            eingabe;
        InputStreamReader in     = new InputStreamReader(System.in);
        BufferedReader    puffer = new BufferedReader(in);

        try
        {
            // Zahl einlesen
            System.out.print("Zahl: ");
            eingabe = puffer.readLine();
            zahl    = Integer.parseInt(eingabe);
        } catch (Exception e)
        {
            System.out.println("Eingabe ist keine Zahl!");
        }
```

```
        // Ausgabe
        if (zahl > 0)
        {
            System.out.print("Zahl ist größer als 0 ");
        } else if (zahl < 0)
        {
            System.out.print("Zahl ist kleiner als 0 ");
        } else
        {
            System.out.print("Zahl ist gleich 0 ");
        }

        if (zahl % 2 == 0)
        {
            System.out.println("und gerade.");
        } else
        {
            System.out.println("und ungerade.");
        }
    }
}
```

**6.** Welche Ausgabe erzeugt das folgende Programm? Ist sie korrekt? Wenn nicht, korrigieren Sie das Programm!

```
public class IfApp
{
    public static void main(String[] args)
    {
        int a = 5, b = 7, c = 4;
        if (a < b)
        if (a < c)
           System.out.println ("a ist die kleinste Zahl");
           else
              System.out.println ("a ist nicht kleiner als b");
    }
}
```

**Lösung:**

In dieser Form behauptet das Programm, a wäre nicht kleiner als b. Das ist aber offensichtlich falsch. Der Grund dafür ist, dass der else-Zweig nicht als zum äußeren if gehörend interpretiert wird, sondern zum inneren. Dass die Einrückung der Anweisungsblöcke etwas anderes impliziert, stört den Compiler herzlich wenig. Lösen Sie das Problem, indem Sie die Blöcke mithilfe von geschweiften Klammern korrekt (und für den Compiler verständlich) strukturieren:

```
public class IfApp
{
    public static void main(String[] args)
    {
```

```
        int a = 5, b = 7, c = 4;
        if (a < b)
        {
            if (a < c)
            {
                System.out.println ("a ist die kleinste Zahl");
            }
        } else
        {
            System.out.println ("a ist nicht kleiner als b");
        }
    }
}
```

**7.** Mit welchen Datentypen kann ein `switch-case`-Konstrukt arbeiten?

**Lösung:**

Mit `byte`, `char`, `short` und `int`.

**8.** Vervollständigen Sie die folgende Tabelle, indem Sie die Fragezeichen durch korrekte Wahrheitswerte ersetzen:

| Ausdruck | Mögliche Wahrheitswerte |
|---|---|
| `(Koerper.istWuerfel())` | ? |
| `((42 / 2) == 21)` | ? |
| `(?)` | false |
| `((x > y) && ((y-50) >= x))` | ? |
| `(false \|\| true)` | ? |
| `(true ^ ?)` | true |

**Lösung:**

| Ausdruck | Mögliche Wahrheitswerte |
|---|---|
| `(Koerper.istWuerfel())` | true oder false |
| `((42 / 2) == 21)` | true |
| `(false)` | false |

| Ausdruck | Mögliche Wahrheitswerte |
|---|---|
| `((x > y) && ((y-50) >= x))` | false |
| `(false \|\| true)` | true |
| `(true ^ false)` | true |

# 3.2 Schleifen

**9.** Folgende Ausgabe soll erzeugt werden: `1 3 5 7 9`

Lösen Sie diese Aufgabe

a) mithilfe einer `while`-Schleife.

b) mithilfe einer `do-while`-Schleife.

c) mithilfe einer `for`-Schleife und des Modulo-Operators.

d) mithilfe einer `for`-Schleife ohne den Modulo-Operator.

**Lösungen:**

```
public class SchleifenAppl
{
    public static void main(String[] args)
    {

        // Teilaufgabe a)
        short zaehler = 1;

        while (zaehler <= 9)
        {
            System.out.print(zaehler + " ");
            zaehler += 2;
        }

        // ein wenig Abstand ...
        System.out.print("\n\n");

        // Teilaufgabe b)
        zaehler = 1;

        do
        {
            System.out.print(zaehler + " ");
            zaehler += 2;
```

```
        } while (zaehler <= 9);

        // ein wenig Abstand ...
        System.out.print("\n\n");

        // Teilaufgabe c)
        for (zaehler = 1; zaehler <= 9; zaehler++)
        {
            if (zaehler % 2 != 0)
            {
                System.out.print(zaehler + " ");
            }
        }

        // ein wenig Abstand ...
        System.out.print("\n\n");

        // Teilaufgabe d)
        for (zaehler = 1; zaehler <= 9; zaehler += 2)
        {
            System.out.print(zaehler + " ");
        }
    }
}
```

**10.** Folgende Ausgabe soll erzeugt werden: `1 2 4 7 11 16 22 29 37`

Lösen Sie diese Aufgabe

a) mithilfe einer `do-while`-Schleife.

b) mithilfe einer `for`-Schleife.

**Lösungen:**

```
public class SchleifenApp2
{
    public static void main(String[] args)
    {

        // Teilaufgabe a)
        short zaehler   = 1;
        short inkrement = 1;
        do
        {
            System.out.print(zaehler + " ");
            zaehler   += inkrement;
            inkrement += 1;
        } while (zaehler <= 37);

        // ein wenig Abstand ...
        System.out.print("\n\n");
```

```
        // Teilaufgabe b)
        inkrement = 0;
        for (zaehler = 1; zaehler <= 37; zaehler += inkrement)
        {
            System.out.print(zaehler + " ");
            inkrement++;
        }
    }
}
```

**11.** Welche Bildschirmausgabe erzeugt die folgende Schleife?

```
for (int i = 15; i < 0; --i)
  System.out.println(i);
```

**Lösung:**

Das Programm erzeugt einen Countdown von 15 auf 1. Dabei steht jede Zahl in einer Zeile, 1 ist also die unterste ausgegebene Zahl.

**12.** Erläutern Sie, welche Wirkung es hat, wenn in der Schleife aus Aufgabe 11 der Pre- durch den Postdekrement-Operator ersetzt wird.

**Lösung:**

Das hat gar keine Wirkung auf die Funktionsweise des Programms. Post- und Preinkrement-Operator haben unterschiedliche Prioritäten, was sich bei der Verwendung innerhalb eines Ausdrucks mit mehreren Operationen auswirkt. In diesem Fall steht die Inkrementierung aber isoliert – folglich gibt es keine zu beobachtende Auswirkung.

**13.** Schreiben Sie die Schleife aus Aufgabe 11 so um, dass ein Countdown von 15 bis *einschließlich* 0 auf dem Bildschirm ausgegeben wird.

**Lösung:**

```
public class CountdownApp
{
    public static void main(String[] args)
    {

        for (int i = 15; i >= 0; --i)
        {
            System.out.println(i);
        }
    }
}
```

**14.** Das folgende (wie die meisten Beispiele völlig nutzlose) Programm ist gegeben. Erläutern Sie, was dieses Programm tut.

```
import java.util.Random;

public class ZufallsZahlSuchenApp
{

    static Random    randomGen = new Random();
    static final int MAX_WERT  = 1500;
    static final int RAN_WERT  = randomGen.nextInt(MAX_WERT + 1);

    public static void main(String[] args)
    {
        System.out.println("Wert: " + ermittleWert());
    }

    protected static int ermittleWert()
    {
        int  zaehler = 1;
        int  retWert = 0;

        while (zaehler <= MAX_WERT)
        {
            if (RAN_WERT == zaehler)
            {
                retWert = zaehler;
            }
            zaehler++;
        }
        return retWert;
    }
}
```

**Lösung:**

Das Programm ermittelt mithilfe der Klasse `java.util.Random` einen (Pseudo-)Zufallswert zwischen 0 und 1500. Die obere Grenze für den Zufallswert wird durch die Konstante `MAX_WERT` bestimmt und muss der Funktion `nextInt()` von `RandomGen` übergeben werden, die den zufällig ermittelten Wert zurückgibt. Die Konstante `RAN_WERT` wird also bei jedem Programmstart mit einem anderen `int`-Wert initialisiert.

In `main()` wird nun eine etwas umständliche Methode angewendet, um den Zufallswert auszugeben: Anstatt direkt `RAN_WERT` abzufragen, wird die Methode `ermittleWert()` aufgerufen. Sie sucht mittels einer `while`-Schleife das Intervall [0..1500] nach dem Zufallswert ab und gibt ihn anschließend zurück.

**15.** Noch einmal zu `ZufallsZahlSuchenApp` aus Aufgabe 14: Warum wird zum Aufruf von `nextInt()` der Maximalwert `MAX_WERT` noch einmal um 1 erhöht?

**Lösung:**

Der Dokumentation des Java-API ist zu entnehmen, das `nextInt()` einen pseudo-zufälligen `int`-Wert im Intervall [0..n[ zurückgibt. Der als obere Grenze angegebene Wert *n* ist also exklusiv. In diesem Fall soll aber `MAX_WERT` inklusive sein, weshalb `MAX_WERT + 1` als obere Grenze verwendet werden muss.

**16.** Noch einmal zu `ZufallsZahlSuchenApp` aus Aufgabe 14: An welcher Stelle erkennen Sie in der derzeitigen Implementierung von `ermittleWert()` Optimierungspotenzial? Optimieren Sie `ermittleWert()` entsprechend.

**Lösung:**

Die `while`-Schleife durchläuft immer das gesamte Intervall, egal ob der Zufallswert direkt am Anfang gefunden wird oder erst gegen Ende. Das führt im schlimmsten Fall dazu, dass der Wert beim ersten Schleifendurchlauf gefunden wird (weil er 0 ist), die Schleife aber noch `MAX_WERT - 1`-mal durchlaufen wird. Dabei sind alle Durchläufe nach dem Auffinden des Wertes reine Rechenzeitverschwendung!

```
import java.util.Random;

public class ZufallsZahlSuchenApp
{
    static Random    randomGen = new Random();
    static final int MAX_WERT  = 1500;
    static final int RAN_WERT  = randomGen.nextInt(MAX_WERT + 1);

    public static void main(String[] args)
    {
        System.out.println("Wert: " + ermittleWert());
    }

    protected static int ermittleWert()
    {
        int  zaehler = 1;
        int  retWert = 0;

        while (zaehler <= MAX_WERT)
        {
            if (RAN_WERT == zaehler)
            {
                retWert = zaehler;
                break;
            }
            zaehler++;
        }
```

```
        return retWert;
    }
}
```

**17.** Entwerfen Sie eine `for`-Schleife, die die Buchstaben „a" bis „z" auf dem Bildschirm ausgibt.

**Lösung:**

```
public class ABCApp
{
    public static void main(String[] args)
    {
        char einChar = '\u0061';
        for (long zaehler = 0; zaehler < 26; zaehler++)
        {
            System.out.println(zaehler + ":\t" + einChar);
            einChar++;
        }
    }
}
```

**18.** Betrachten Sie das folgende Programm und versuchen Sie vorherzusagen, welche Ausgabe es erzeugt. Lässt es sich überhaupt kompilieren?

```
public class ForApp
{
    public static void main(String[] args)
    {
        int i;
        int x = 0;
        for (i = 0; i < 10;  x++)
        {
            System.out.println("Zeile: " + x);
        }
    }
}
```

**Lösung:**

Das Programm ist syntaktisch völlig korrekt, lässt sich also problemlos kompilieren. Dummerweise bleibt es nach dem Starten allerdings in einer Endlosschleife hängen und gibt ohne Ende durchnummerierte Zeilen auf dem Bildschirm aus. Schuld daran ist die Tatsache, dass die Laufvariable `i` der `for`-Schleife nicht inkrementiert wird. Stattdessen wird im Kopf der Schleife eine Inkrementanweisung für die Variable `x` gegeben. Das führt dazu, dass die ausgegebenen Zeilen tatsächlich laufend nummeriert sind, während `i` immer 0 bleibt und die Abbruchbedingung niemals erfüllt wird.

**19.** Schreiben Sie ein Programm namens `RechteckZeichnenApp`, das den Benutzer zwei `byte`-Werte über die Tastatur eingeben lässt. Die Werte sind die Kantenlängen eines (ausgefüllten) Rechtecks, das anschließend vom Programm mithilfe des Zeichens „*" auf den Bildschirm ausgegeben werden soll.

**Lösung:**

```
import java.io.*;

public class RechteckZeichnenApp
{
    public static void main(String[] args)
    {
        // Einlesen der Abmessungen
        // ------------------------
        String              eingabe;
        byte                breite = 0;
        byte                hoehe  = 0;
        InputStreamReader in     = new InputStreamReader(System.in);
        BufferedReader      puffer = new BufferedReader(in);

        try
        {
            // Breite einlesen
            System.out.print("Breite: ");
            eingabe = puffer.readLine();
            breite  = Byte.parseByte(eingabe);

            // Höhe einlesen
            System.out.print("Höhe: ");
            eingabe = puffer.readLine();
            hoehe   = Byte.parseByte(eingabe);
        } catch (Exception e)
        {
            System.out.println("Eingabe ist keine Zahl!");
        }

        // Zeichnen des Rechtecks
        // ----------------------
        for (byte y=0; y < hoehe; y++)
        {
            for (byte x=0; x < breite; x++)
            {
                System.out.print("*");
            }
            System.out.print("\n");
        }
    }
}
```

**20.** Wandeln Sie das Programm `RechteckZeichnenApp` aus der vorherigen Aufgabe so ab, dass statt eines massiven Rechtecks aus Sternen eine mit Smileys gefüllte Box (siehe Abbildung) gezeichnet wird. Nutzen Sie dazu die in der Tabelle aufgeführten Sonderzeichen.

| Zeichen | Unicode |
|---|---|
| ┌ | '\u00DA' |
| ─ | '\u00C4' |
| ┐ | '\u00BF' |
| │ | '\u00B3' |
| └ | '\u00C0' |
| ┘ | '\u00D9' |
| ☺ | '\u0001' |

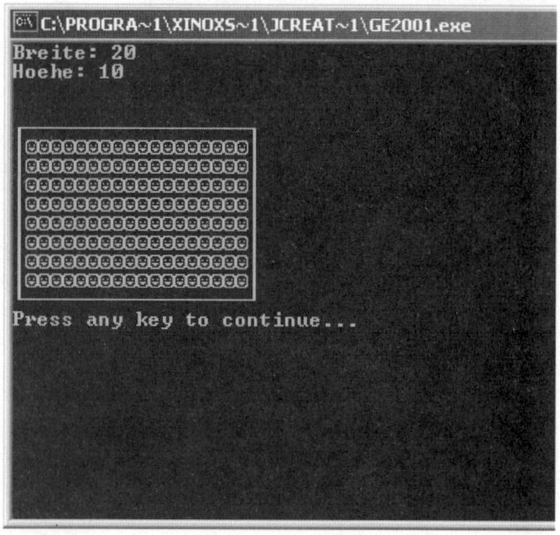


**Lösung:**

```
import java.io.*;

public class RechteckZeichnenApp2
{
    public static void main(String[] args)
    {
        // Einlesen der Abmessungen
        // ------------------------
        String            eingabe;
        byte              breite = 0;
        byte              hoehe  = 0;
        InputStreamReader in     = new InputStreamReader(System.in);
        BufferedReader    puffer = new BufferedReader(in);

        try
        {
            // Breite einlesen
            System.out.print("Breite: ");
            eingabe = puffer.readLine();
            breite  = Byte.parseByte(eingabe);

            // Höhe einlesen
            System.out.print("Hoehe: ");
            eingabe = puffer.readLine();
            hoehe  = Byte.parseByte(eingabe);
        } catch (Exception e)
        {
```

```
            System.out.println("Eingabe ist keine Zahl!");
        }

        // Zeichnen des Rechtecks
        // ----------------------
        System.out.print("\n\n");

        for (byte y=1; y <= hoehe; y++)
        {
            for (byte x=1; x <= breite; x++)
            {
                if (x == 1 && y == 1)
                {
                    // Ecke oben links
                    System.out.print('\u00DA');

                } else if (x == breite && y == 1)
                {
                    // Ecke oben rechts
                    System.out.print('\u00BF');

                } else if (x == 1 && y == hoehe)
                {
                    // Ecke unten links
                    System.out.print('\u00C0');

                } else if (x == breite && y == hoehe)
                {
                    // Ecke unten rechts
                    System.out.print('\u00D9');

                } else if (y == 1 || y == hoehe)
                {
                    // waagerechte Linie oben oder unten
                    System.out.print('\u00C4');

                } else if (x == 1 || x == breite)
                {
                    // senkrechte Linie rechts oder links
                    System.out.print('\u00B3');

                } else
                {
                    // Smiley
                    System.out.print('\u0001');
                }
            }
            System.out.print("\n");
        }
    }
}
```

**21.** Wie oft wird die `for`-Schleife im folgenden Programm `ForApp2` durchlaufen? Begründen Sie Ihre Antwort.

```
public class ForApp2
{
    public static void main(String[] args)
    {
        int i = 0, x = 0;
        for (i = 0; i < 10; i++, x++)
        {
            System.out.println("i: " + i);
            System.out.println("x: " + x);
            System.out.print("\n");
            if (i==5)
                i=1;
        }
    }
}
```

**Lösung:**

Die Schleife wird unendlich oft durchlaufen (Endlosschleife). Der Grund dafür ist, dass innerhalb der Schleife die für die Abbruchbedingung relevante Variable `i` immer wieder auf 1 zurückgesetzt wird. Und zwar stets *bevor* die Abbruchbedingung erfüllt ist.

**22.** Schreiben Sie ein Programm, das die Fakultät einer Ganzzahl n (0 <= n <= 20) berechnet und das Ergebnis auf dem Bildschirm ausgibt.

Zur Erinnerung: Die Fakultät von n ist das Produkt aller natürlichen Zahlen kleiner oder gleich n. Die Fakultät von beispielsweise 5 ist also 5! = 5 * 4 * 3 * 2 * 1 = 120.

**Lösung:**

```
public class FakultaetApp
{
    public static void main(String[] args)
    {
        int  n = 20;
        long fakultaet = 1;

        for (int i = 0; i < n; i++)
        {
            fakultaet *= n - i;
        }
        System.out.println(n + "! = " + fakultaet);
    }
}
```

**23.** Schreiben Sie ein Programm, das alle geraden Zahlen zwischen 1 und 368 auf dem Bildschirm ausgibt. Es sollen immer acht (durch Tabulatoren getrennte) Zahlen in einer Zeile ausgegeben werden, bevor ein Zeilenumbruch erfolgt.

**Lösung:**

```
public class GeradeZahlenApp
{
    final static int ZAHLEN_PRO_ZEILE = 8;

    public static void main(String[] args)
    {
        for (int i = 1; i <= 368; i++)
        {
            if (i % 2 == 0)
            {
                // gerade Zahlen ausgeben
                System.out.print(i + "\t");
            }

            if (i % (ZAHLEN_PRO_ZEILE * 2) == 0)
            {
                // Zeilenumbruch ausgeben
                System.out.print("\n");
            }
        }
    }
}
```

**24.** Während diese Zeilen entstehen, steht mal wieder Weihnachten vor der Tür. Passend dazu sind Sie nun aufgefordert, ein Programm zu entwickeln, das einen Weihnachtsbaum mit passenden Kerzen darauf am Bildschirm ausgibt (siehe Abbildung). Der Benutzer soll die Möglichkeit haben, die Höhe des Baums (in Zeilen) anzugeben. Anschließend bedarf es nur einiger weniger Schleifen und `print()`-Befehle, um den Baum zu zeichnen.

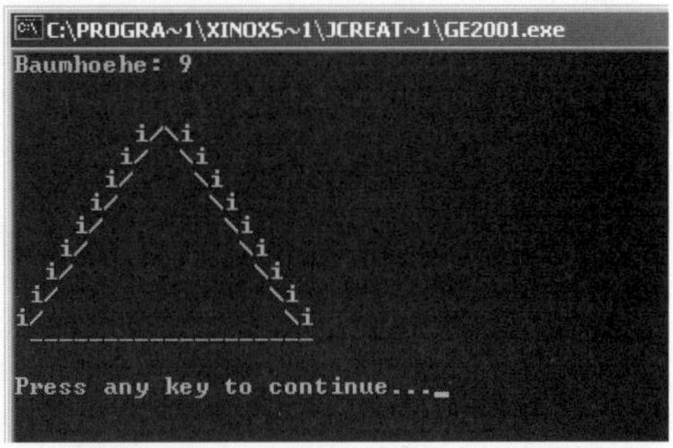


**Lösung:**

```
import java.io.*;
public class TannenbaumApp
{
    public static void main(String[] args)
    {
```

```
        int               hoehe  = 0;
        String            eingabe;
        InputStreamReader in     = new InputStreamReader(System.in);
        BufferedReader    puffer = new BufferedReader(in);

        try
        {
            // Höhe des Baums einlesen
            System.out.print("Baumhoehe: ");
            eingabe = puffer.readLine();
            hoehe   = Integer.parseInt(eingabe);
        } catch (Exception e)
        {
            System.out.println("Eingabe ist keine Zahl!");
        }

        // ein wenig Abstand schaffen
        System.out.print("\n\n");

        // Spitze zeichnen
        for (int y = hoehe; y > 0; y--)
        {
            // linke Seite des Baums
            setzeBlanks(y - 1);
            System.out.print("i/");

            // rechte Seite des Baums
            setzeBlanks(2*(hoehe-y));
            System.out.print("\\i");

            // Zeilenumbruch
            System.out.print("\n");
        }

        // waagerechte Linie zeichnen
        System.out.print(" ");
        for (int x = 0; x <= hoehe*2; x++)
        {
            System.out.print("-");
        }

        // ein wenig Abstand schaffen
        System.out.print("\n\n");

    }

    public static void setzeBlanks(int anzahl)
    {
        for (int i = 0; i < anzahl; i++)
        {
            System.out.print(" ");
        }
    }
}
```

## 3.3 Sprunganweisungen

**25.** Welche zwei Sprunganweisungen kennt Java?

**Lösung:**

`continue` und `break`

**26.** Erläutern Sie die Funktionsweise von `break`.

**Lösung:**

`break` bricht an einer beliebigen Stelle innerhalb einer Schleife deren Ausführung ab. Die Abbruchbedingung muss dazu nicht erfüllt ist. Nach der Ausführung dieser Anweisung wird die Programmausführung bei der ersten Zeile nach dem Ende der Schleife fortgesetzt.

**27.** Für welche Kontrollstruktur, die nichts mit Schleifen zu tun hat, ist `break` noch von Bedeutung?

**Lösung:**

Für das Entscheidungskonstrukt `switch`. Dort wird `break` benutzt, um die Ausführung eines `case`-Blocks zu beenden.

**28.** Erläutern Sie die Funktionsweise von `continue`.

**Lösung:**

`continue` wird genutzt, um einen einzelnen Schleifendurchlauf abzubrechen. Die Anweisung kann an beliebiger Stelle innerhalb des Schleifenrumpfes stehen und setzt die Programmausführung direkt an der Schleifensteuerung fort. Das heißt, dass als nächste Aktion nach einem `continue` zunächst einmal die Abbruchbedingung der Schleife geprüft wird. Wenn sie nicht erfüllt ist, geht die Schleife in die nächste Runde, als wenn nichts gewesen wäre.

**29.** Betrachten Sie das folgende Programm. Welchen Wert hat `merker` bei der Ausgabe auf der Konsole?

```
public class ContinueApp
{
```

```
    public static void main(String[] args)
    {
        int merker  = 1000;
        int zaehler = merker;

        while (zaehler > 0)
        {
            if (--zaehler % 2 == 0)
                continue;

            merker--;
        }

        System.out.println ("merker: " + merker);
    }
}
```

**Lösung:**

500, denn während zaehler stetig dekrementiert wird, geschieht es bei merker nur jeden zweiten Schleifendurchlauf.

**30.** Wie oft wird die while-Schleife im folgenden Programm durchlaufen?

```
public class BreakApp
{
    public static void main(String[] args)
    {
        int zaehler = 42;
        int merker  = 0;

        while (true)
        {
            zaehler++;
            merker++;

            if (!(zaehler < 50))
               break;
        }

        System.out.println ("merker: " + merker);
    }
}
```

**Lösung:**

Exakt 8-mal. Denn wenn zaehler den Wert 50 erreicht hat, wird die Endlosschleife mit einem break verlassen.

# Modul 4

## Arrays und Collections

**Sie sollten wissen**

- was ein- und mehrdimensionale Arrays sind
- wie Arrays deklariert werden
- wie auf Arrays zugegriffen wird
- wie die Klassen des Collection Frameworks angewendet werden

In den allermeisten Programmen ist es notwendig, eine größere Anzahl Werte oder Objekte im Speicher zu verwalten. Oft müssen solche Datensammlungen auch durchsucht oder sortiert werden. Je größer die dabei zu verarbeitenden Datenmengen werden, desto wichtiger ist eine hohe Verarbeitungsgeschwindigkeit und eine saubere Speicherverwaltung. Java hat zu diesem Thema einiges zu bieten, angefangen bei einfachen Arrays bis hin zum stetig verbesserten *Collections Framework* des Standard-API.

## 4.1 Arrays

**1.** Welches Array läuft Ihnen in jedem Java-Programm über den Weg?

**Lösung:**

Jede Java-Applikation muss eine `main()`-Methode besitzen. Diese wiederum erwartet einen Parameter vom Typ `String[]`, also ein Array von Elementen der Klasse `String`. Gefüllt wird das Array beim Start der Anwendung mit den Kommandozeilenparametern, die der Benutzer dem Programm mitgibt.

**2.** Entwickeln Sie das Programm `GrussApp`, das eine beliebige Anzahl Namen als Kommandozeilenparameter übergeben bekommt und für jeden einen Gruß im Format „Hallo Mr. X!" auf dem Bildschirm ausgibt.

**Lösung:**

```
public class GrussApp
{
    public static void main(String[] args)
    {
        int anzahl = args.length;
```

```
        for (int i = 0; i < anzahl; i++)
        {
            System.out.println("Hallo " + args[i] + "!");
        }
    }
}
```

**3.** Was ist der Unterschied zwischen den folgenden Quelltextfragmenten?

```
String liste[] = new String[3];
liste[0] = "Eintrag 1";
liste[1] = "Eintrag 2";
liste[2] = "Eintrag 3";
```

und

```
String liste[] = {"Eintrag 1", "Eintrag 2", "Eintrag 3"};
```

**Lösung:**

Das Ergebnis beider Quelltexte ist identisch: ein eindimensionales `String`-Array namens `liste` mit den drei Elementen „Eintrag 1", „Eintrag 2" und „Eintrag 3". Der Unterschied ist, dass in Variante 1 zunächst ein leeres Array angelegt und danach gefüllt wird. Bei der deutlich kürzeren Variante 2 wird das neue Array direkt mit den gewünschten Werten initialisiert. Sie ist schon aufgrund der kürzeren Schreibweise der ersten vorzuziehen.

**4.** Deklarieren Sie ein eindimensionales `String`-Array mit drei Elementen. Initialisieren Sie es mit den Zeichenketten „Kopernikus", „Keppler" und „Galilei".

**Lösung:**

```
String forscher[] = {"Kopernikus", "Keppler", "Galilei"};
```

**5.** Gegeben ist das folgende zweidimensionale `int`-Array. Schreiben Sie ein Programm, das den Inhalt dieses Arrays in tabellarischer Form auf dem Bildschirm ausgibt. Die Zahlen sollen ein Quadrat bilden. Schreiben Sie das Programm so, dass auch größere Arrays ohne weitere Änderungen verarbeitet werden können.

```
int einQuadrat[][] = {{1, 2, 3}, {4, 5, 6}, {7, 8, 9}};
```

**Lösung:**

```
public class QuadratApp
{
    public static void main(String[] args)
    {
        // ein Quadrat
```

```
        int einArray[][] = {{1, 2, 3}, {4, 5, 6}, {7, 8, 9}};

        // versuchen Sie auch mal ein Dreieck aus Nullen...
        //int einArray[][] = {{0}, {0, 0}, {0, 0, 0}, {0, 0, 0, 0}};

        // äußere Schleife über Zeilen
        for (int i = 0; i < einArray.length; i++)
        {

            // innere Schleife über Spalten
            for (int j = 0; j < einArray[i].length; j++)
            {
                // Zahl ausgeben
                System.out.print(einArray[i][j]);
            }

            // Umbruch für die nächste Zeile
            System.out.print("\n");
        }
    }
}
```

**6.** Erläutern Sie den Verwendungszweck der Klasse `java.lang.reflect.Array`.

**Lösung:**

`Array` bietet einige statische Methoden zur Erstellung und zum Zugriff auf Arrays. Der Hauptvorteil in der Benutzung einer `get`-Methode von `Array` gegenüber dem direkten Zugriff auf das Array mittels `[]`-Operator liegt in der höheren Typsicherheit. Die statischen Methoden nehmen implizite Typumwandlungen nach Bedarf und den bekannten Regeln vor. Außerdem können beispielsweise Werte elementarer Datentypen direkt in Objekte der entsprechenden Wrapper-Klasse konvertiert werden.

**7.** Untersuchen Sie das folgende Programm. Ist es syntaktisch korrekt? Wenn ja, welche Ausgabe erzeugt es? Korrigieren Sie gegebenenfalls.

```
import java.lang.reflect.Array;

public class ArrayGetLongApp
{
    public static void main(String[] args)
    {
        long[] einArray = {42, 21, 7, 7};

        long long1 = einArray[1];
        long long2 = Array.getByte(einArray, 1);

        System.out.println("long1: " + long1);
```

```
            System.out.println("long2: " + long2);
        }
    }
```

**Lösung:**

Das Programm ist syntaktisch korrekt und lässt sich kompilieren. Bei der Ausführung wird allerdings eine `IllegalArgumentException` geworfen. Grund dafür ist, dass der `getByte()`-Methode ein `long`-Array übergeben wird. Das ist nicht zulässig. Stattdessen muss die `getLong()`-Methode verwendet werden:

```
long long2 = Array.getLong(einArray, 1);
```

**8.** Gegeben ist das folgende Array. Geben Sie einen Quelltext an, der ein `Integer`-Objekt namens `einInteger` erstellt und mit dem Wert des ersten und einzigen Array-Elements initialisiert. Nutzen Sie dazu `Array`-Methoden! Geben Sie anschließend den Wert des `Integer`-Objekts auf den Bildschirm aus.

```
    int[] einArray = {999};
```

**Lösung:**

```
int[] einArray = {999};

Integer einInteger = (Integer)Array.get(einArray, 0);

System.out.println("einInteger: " + einInteger.intValue());
```

**9.** Gegeben ist das folgende Array. Schreiben Sie ein Programm namens `IntSortApp`, das den Inhalt von `einArray` aufsteigend sortiert auf den Bildschirm ausgibt. Nutzen Sie dazu die Klasse `java.utils.Arrays`.

```
    int[] einArray = {234, 32, 87, 934, 345};
```

**Lösung:**

```
import java.util.Arrays;

public class IntSortApp
{
    public static void main(String[] args)
    {
        int[] einArray = {234, 32, 87, 934, 345};

        // sortieren
        Arrays.sort(einArray);

        // ausgeben
        for (int i = 0; i < einArray.length; i++)
```

```
        {
            System.out.println(einArray[i]);
        }
    }
}
```

**10.** Gegeben ist das folgende dreidimensionale Array. Sortieren Sie alle Dimensionen des Arrays in aufsteigender Reihenfolge und geben Sie den gesamten Inhalt zeilenweise auf den Bildschirm aus.

```
int[][] einArray = {{5,4,3,2,1}, {10,9,8,7,6}, {15,14,13,12,11}};
```

**Lösung:**

```
import java.util.Arrays;

public class DreiDimSortApp
{
    public static void main(String[] args)
    {
        int[][][] einArray = {{{5,4,3,2,1}, {10,9,8,7,6},
                              {15,14,13,12,11}}};

        for (int i = 0; i < einArray.length; i++)
        {
            for (int j = 0; j < einArray[i].length; j++)
            {
                // erst sortieren ...
                Arrays.sort(einArray[i][j]);

                // ... dann ausgeben
                for (int k = 0; k < einArray[i][j].length; k++)
                {
                    System.out.println(einArray[i][j][k]);
                }
            }
        }
    }
}
```

**11.** Schreiben Sie ein Programm namens `ArraySuchenApp`, das eine beliebige Anzahl von Wörtern über die Kommandozeile übergeben bekommt. Das Programm soll diese Liste aufsteigend sortiert ausgeben und nach dem Begriff „Java“ durchsuchen. Gegebenenfalls ist auszugeben, das wievielte Wort der Suchbegriff in der Liste es ist. Nutzen Sie auch hier wieder die Methoden der Klasse `Arrays` des Standard-API.

**Lösung:**

```
import java.util.Arrays;

public class ArraySuchenApp
{
    public static void main(String[] args)
    {
        int anzahl = args.length;

        if (anzahl > 0)
        {
            // es gibt eine Wortliste; sortieren
            Arrays.sort(args);

            // sortierte Liste ausgeben
            for (int i = 0; i < anzahl; i++)
            {
                System.out.println(args[i]);
            }

            // in der sortierten Liste suchen
            int pos = Arrays.binarySearch(args, "Java");

            if (pos >= 0)
            {
                // Begriff gefunden
                System.out.println("Begriff gefunden an Index " + pos);
            } else
            {
                // Begriff nicht gefunden
                System.out.println("Begriff nicht gefunden!");
            }
        } else
        {
            // es gibt keine Wortliste - Fehlermeldung
            System.out.println("Bitte geben Sie eine Wortliste an!");
        }
    }
}
```

**12.** Erläutern Sie, warum die Elemente eines Arrays sortiert sein müssen, bevor `binarySearch()` ausgeführt wird.

**Lösung:**

Wie der Name der Methode schon sagt, führt `binarySearch()` eine binäre Suche durch. Dieser Algorithmus teilt die Menge der zu durchsuchenden Elemente zunächst in zwei gleich große Hälften und stellt fest, in welcher der beiden Hälften der Suchbegriff zu finden sein muss. Dazu wird geschaut, ob das Element am Ort der Trennung größer oder kleiner ist als der Suchbegriff. Ist er größer, muss der Suchbegriff in der oberen Hälfte liegen. Ist er kleiner, muss er in der zweiten liegen. Diese Vorgehensweise funktioniert natürlich nur, wenn die Datenmenge aufsteigend sortiert ist.

Nachdem der Algorithmus eine der Hälften ausgewählt hat, teilt er diese wieder auf und entscheidet, welches der verbliebenen Viertel das richtige ist. So geht es immer weiter und die Datenmenge wird immer kleiner, bis nur noch ein Element übrig ist. Das ist dann das gesuchte.

**13.** Deklarieren Sie ein eindimensionales `long`-Array mit 500 Elementen. Setzen Sie alle Elemente auf den Wert 42, ohne eine Schleife zu verwenden.

**Lösung:**

```
long[] einArray = new long[500];
Arrays.fill(einArray, 42);
```

# 4.2 Das Collections Framework

**14.** Erläutern Sie, was das Collections Framework des Java-Standard-API ist.

**Lösung:**

Das Collections Framework ist eine Sammlung von Klassen und Interfaces, die zur Verwaltung von Datensammlungen im Speicher verwendet wird.

Je nachdem, welche Daten gespeichert und wie sie genutzt werden sollen, gibt es verschiedene spezialisierte Klassen. Neben Listen, die am ehesten mit Arrays zu vergleichen sind, finden sich z.B. auch Baumstrukturen.

Das Hinzufügen und Entfernen von Elementen ist bei allen Implementierungen sehr einfach und erfordert nur wenig programmtechnischen Aufwand. Außerdem sind sehr schnelle Such- und Sortieralgorithmen implementiert, was dem Java-Programmierer die Mühe abnimmt, sich selbst um solche grundlegenden und zeitraubenden Dinge zu kümmern.

**15.** Die Klasse `java.util.ArrayList` ist sozusagen ein „aufgebohrtes" Array. Erläutern Sie, wodurch sie sich hauptsächlich von einem einfachen Array unterscheidet.

**Lösung:**

`ArrayList` unterscheidet sich hauptsächlich durch die dynamische Größe von einfachen Arrays. Objekte dieser Klasse werden mit einer definierbaren Startgröße erstellt und wachsen dann automatisch beim Hinzufügen von Elementen. Sollte die Liste einmal zu groß sein (weil Elemente wieder gelöscht wurden), kann sie durch einen entsprechenden Methodenaufruf auch wieder „zurechtgestaucht" werden.

**16.** Entwickeln Sie ein Programm namens `ArrayListApp`, das die Verwendung von `java.util.ArrayList` demonstriert. Es soll folgende Dinge tun:

- Ein neues Objekt der Klasse `ArrayList` mit der Startkapazität 1000 anlegen.
- Alle Kommandozeilenparameter in diese Liste kopieren.
- Die Größe der Liste anpassen, so das kein Speicherplatz verschwendet wird.
- Falls die Liste Elemente enthält, diese zeilenweise auf den Bildschirm ausgeben.

Testen Sie das Programm, indem Sie es aufrufen und einige Wörter als Parameter übergeben.

**Lösung:**

```
import java.util.ArrayList;

public class ArrayListApp
{
    public static void main(String[] args)
    {
        // neue Liste, Startkapazität 1000
        ArrayList liste = new ArrayList(1000);

        // Argumente hinzufügen
        for (int i = 0; i < args.length; i++)
        {
            liste.add(args[i]);
        }

        // Liste zurechtstutzen
        liste.trimToSize();

        // Elemente vorhanden?
        if (!liste.isEmpty())
        {
            // alle Elemente ausgeben
            for (int i = 0; i < liste.size(); i++) {
```

```
                System.out.println(liste.get(i));
            }
        } else
        {
            System.out.println("Keine Parameter übergeben!");
        }
    }
}
```

**17.** Eine weitere Klasse des Collections Framework ist `LinkedList`. Erläutern Sie den Unterschied zwischen `LinkedList` und `ArrayList`.

**Lösung:**

Beide Klassen bilden Listen dynamischer Größe ab, die Elemente beliebiger (Klassen-) Typen aufnehmen können. `ArrayList` kommt dabei einem gewöhnlichen statischen Array am nächsten. Sie erlaubt einen sehr schnellen freien Zugriff auf beliebige Elemente anhand des Index.

`LinkedList` hingegen ist eine doppelt verkettete Liste, d. h., jedes Element kennt seinen Vorgänger und Nachfolger in der Liste. Dank dieser Eigenschaft lassen sich sehr leicht Stacks und Queues realisieren. Der Nachteil ist, dass der Zugriff auf ein beliebiges Element anhand des Index im Vergleich zu `ArrayList` recht langsam ist. Dazu wird nämlich intern die Liste vom Anfang bzw. Ende an bis zum gesuchten Index durchlaufen. Je nachdem ob der gesuchte Index in der vorderen oder der hinteren Hälfte der Liste liegt, wird dazu entschieden, ob sie vorwärts oder rückwärts durchlaufen wird.

**18.** Angenommen, Sie wollten das bekannte Spiel „Vier gewinnt" in Java-Programmieren. Dazu müssten Sie eine Repräsentation des Spielfeldes im Speicher verwalten. Welche Datenstruktur würden Sie dazu verwenden? Begründen Sie Ihre Entscheidung!

**Lösung:**

In diesem Fall sollten Sie ein ganz einfaches zweidimensionales Array verwenden. Diese Struktur ist zwar statisch, aber die Spielfeldgröße ist ja auch konstant. Deshalb stellt diese Randbedingung keine Einschränkung für Sie dar und Sie können ganz nebenbei von der höheren Zugriffsgeschwindigkeit gegenüber einer dynamischen Struktur profitieren.

**19.** Angenommen, Sie sollen einen Teil eines Warenwirtschaftssystems programmieren. Die fragliche Software ist dafür zuständig, Wareneingangsdaten zu verarbeiten.
Aus einem von einem Kollegen entwickelten Programmteil bekommen Sie eine (sehr große) Liste mit Objekten übergeben, von denen jedes einen bestimmten Artikel einer eingehenden Lieferung darstellt. Jedes Objekt muss von Ihrer Software in einem komplexen Vorgang in die Lagerverwaltung übernommen werden. Es gilt also, die gesamte Liste von vorne nach hinten abzuarbeiten, was eine ganze Weile dauern kann.
Der andere Kollege möchte nun von Ihnen wissen, von welcher Klasse des Collections Framework die zu übergebene Liste sein soll: `ArrayList` oder `LinkedList`?

**Lösung:**

In diesem Fall wäre `LinkedList` die bessere Wahl, weil die Datensammlung von vorne nach hinten durchlaufen werden soll. Ein freier Zugriff auf die Elemente ist nicht nötig. Außerdem wissen Sie, dass die Liste sehr groß sein kann und die Verarbeitung recht lange dauert. Es macht also Sinn, jedes verarbeitete Element sofort zu löschen, um wieder Speicherplatz frei zu machen.

Genau das ist mit `LinkedList` leicht zu erledigen: Mit der Methode `getFirst()` holen Sie sich immer ein Element, das Sie anschließend mit `removeFirst()` aus der immer kleiner werdenden Liste entfernen. So brauchen Sie sich nicht um Schleifenzähler und Indizes zu kümmern und schonen den Speicher des Rechners.

**20.** Entwickeln Sie ein Programm, das die ihm übergebenen Kommandozeilenparameter in eine `LinkedList` kopiert und absteigend sortiert auf den Bildschirm ausgibt. Die Liste soll zu keinem Zeitpunkt Elemente enthalten, die bereits ausgegeben worden sind!

**Lösung :**

```
import java.util.Arrays;
import java.util.LinkedList;

public class LinkedListApp
{
    public static void main(String[] args)
    {
        LinkedList liste = new LinkedList();

        // Elemente vorhanden?
        if (args.length > 0)
        {
            // Parameter sortieren
            Arrays.sort(args);

            // in LinkedList übertragen
            for (int i = 0; i < args.length; i++)
            {
                liste.add(args[i]);
            }

            // alle Elemente ausgeben und entfernen
            while (!liste.isEmpty())
            {
                String element = (String)liste.getLast();
                liste.removeLast();
                System.out.println(element);
            }
        } else
        {

            System.out.println("Keine Parameter übergeben!");
```

```
        }
    }
}
```

**21.** Jetzt ist es an der Zeit, endlich einmal mit etwas größeren Listen zu arbeiten. Kleinkram wie in den vorhergehenden Aufgaben sind nämlich keine ernst zu nehmende Herausforderung für das Collections Framework. Schreiben Sie eine Applikation, die eine `ArrayList` erstellt und anschließend folgende Schritte damit durchführt:

- Die Liste wird mit 1 Million (1.000.000) `Integer`-Objekten gefüllt. Die Objekte sollen Zufallswerte zwischen 0 und `Integer.MAX_VALUE` repräsentieren.
- Die Liste wird aufsteigend sortiert (nutzen Sie `java.util.Collections`).
- Die Reihenfolge der Elemente in der Liste wird umgekehrt.
- Ein Teil der Liste (einige hundert Elemente) wird zeilenweise auf den Bildschirm ausgegeben, um die Sortierreihenfolge stichprobenartig zu prüfen. Die Zahlen sollten nun absteigend sortiert sein.

**Lösung:**

Im folgenden Lösungsvorschlag wird nach jedem Schritt die aktuelle Zeit ausgegeben, um ein Gefühl für die Laufzeiten zu vermitteln, die bei solch umfangreichen Verarbeitungen auftreten.

```
import java.util.ArrayList;
import java.util.Random;
import java.util.Date;
import java.util.Collections;

public class RandomSortApp
{
    public static void main(String[] args)
    {
        Random    randomGen = new Random();
        ArrayList liste     = new ArrayList(1000000);

        // Liste mit Zufallszahlen füllen
        // ------------------------------
        System.out.print("Fuellen:   " + new Date().toString());

        for (int i = 0; i < 1000000; i++)
        {
            int j = randomGen.nextInt(Integer.MAX_VALUE);
            liste.add(new Integer(j));
        }
        System.out.println (" bis " + new Date().toString());

        // Liste sortieren
        // ------------------------------
        System.out.print("Sortieren: " + new Date().toString());
        Collections.sort(liste);
        System.out.println (" bis " + new Date().toString());

        // Sortierung umdrehen
```

```
        // ------------------------------
        System.out.print("Umkehren:  " + new Date().toString());
        Collections.reverse(liste);
        System.out.println (" bis " + new Date().toString());

        // Einen Teil der Liste ausgeben
        // ------------------------------
        for (int i = 10000; i < 10200; i++)
        {
            System.out.println(liste.get(i));
        }
    }
}
```

**22.** Welche Ausgabe erzeugt das folgende Programm?

```
import java.util.ArrayList;
import java.util.Collections;

public class SwappApp
{
    public static void main(String[] args)
    {
        ArrayList liste = new ArrayList(100);
        int       i = 0;

        while (100 - liste.size() > 0)
        {
            i++;
            liste.add(new Integer(i));
        }

        for (int k = 0; k < liste.size() / 2; k++)
        {
            Collections.swap(liste, k, 99 - k);
        }

        for (int j = 1; j <= 100; j++)
        {
            System.out.println(liste.get(j-1));
        }
    }
}
```

**Lösung:**

Das Programm gibt zeilenweise die Zahlen von 100 bis hinunter zu 1 aus. In der `while`-Schleife wird die Liste zunächst in aufsteigender Reihenfolge mit diesen Zahlen gefüllt. Anschließend wird in der ersten `for`-Schleife die Reihenfolge der Elemente umgekehrt, wie man es auch mit der `reverse()`-Methode der Klasse `Collections` erreichen könnte. Die zweite `for`-Schleife dient nur noch der Ausgabe.

# Modul 5

# Objektmodellierung

In den vorangegangenen Kapiteln sind von Ihnen hauptsächlich Java-Kenntnisse grundlegender Natur gefragt gewesen, wie beispielsweise die verschiedenen Datentypen und Kontrollstrukturen.

Die Aufgaben in diesem Kapitel beschäftigen sich mehr mit den Besonderheiten der objektorientierten Programmierung mit Java. Dabei geht es noch weniger um theoretische Fragen des Klassendesigns (das kommt im nächsten Kapitel) als zunächst einmal um die praktische Umsetzung: die Definition und Instantiierung von Klassen.

**Sie sollten wissen**

- was Klassen und Objekte sind
- was Attribute und Methoden sind
- wie man Klassen definiert und instantiiert
- welche Modifikatoren es gibt und welche Auswirkungen sie haben
- was Konstruktoren und Finalizer sind
- wie man Methoden überlädt

## 5.1 Klassen und Objekte

**1.** Entwickeln Sie eine Klasse namens `Rechteck`, die ein einfaches zweidimensionales Rechteck abbildet. Nach außen soll es diese Schnittstellen bereitstellen:

- Der Konstruktor bekommt die ganzzahlige Breite und Höhe des Rechtecks übergeben.
- `flaeche()` gibt die Grundfläche des Rechtecks zurück.
- `istQuadrat()` prüft, ob das Rechteck ein Quadrat ist.

**Lösung:**

```
public class Rechteck
{
    protected int breite = 0;
    protected int hoehe  = 0;

    public Rechteck(int breite, int hoehe)
    {
        if (breite > 0 && hoehe > 0)
        {
            this.breite = breite;
            this.hoehe  = hoehe;
        }
    }
```

```
    public long flaeche()
    {
        return breite * hoehe;
    }

    public boolean istQuadrat()
    {
        return breite == hoehe;
    }
}
```

**2.** Schreiben Sie ein Programm namens `RechteckListe`, das 1.000 `Rechteck`-Objekte mit zufälligen Seitenabmessungen (jedoch maximal 100 Maßeinheiten) erzeugt und in einer `ArrayList` ablegt. Anschließend sollen die Gesamtfläche aller Rechtecke sowie die Anzahl der Quadrate unter den Rechtecken ermittelt und ausgegeben werden.

**Lösung:**

```
import java.util.ArrayList;
import java.util.Random;

public class RechteckListe
{
    final static int ANZ_RECHTECKE = 1000;
    final static int MAX_ABMESSUNG = 100;

    public static void main(String[] args)
    {
        // Liste erstellen und füllen
        // --------------------------
        ArrayList liste     = new ArrayList(ANZ_RECHTECKE);
        Random    randomGen = new Random();

        for (int i = 0; i < ANZ_RECHTECKE; i++)
        {
            // Abmessungen ermitteln
            int b = randomGen.nextInt(MAX_ABMESSUNG);
            int h = randomGen.nextInt(MAX_ABMESSUNG);

            // Rechteck in die Liste packen
            liste.add(new Rechteck(b, h));
        }

        // Fläche berechnen und Quadrate zählen
        // ------------------------------------
        long gesamtflaeche = 0;
        int  anzQuadrate   = 0;

        for (int i = 0; i < liste.size(); i++)
        {
            Rechteck tempRechteck = (Rechteck)liste.get(i);
```

```
            gesamtflaeche += tempRechteck.flaeche();
            if (tempRechteck.istQuadrat())
                anzQuadrate++;
        }

        // Infos ausgeben
        // --------------
        System.out.println("Gesamtfläche: " + gesamtflaeche);
        System.out.println("Quadrate:     " + anzQuadrate);
    }
}
```

**3.** Jetzt ist es mal wieder an der Zeit, Ihre CPU richtig auf Trab zu bringen. Das Programm `RechteckListe` aus der vorhergehenden Aufgabe ermittelt die Anzahl von Quadraten unter 1.000 zufällig ermittelten Rechtecken. Nun wäre doch interessant zu wissen, wie viele das durchschnittlich sind. Schreiben Sie dazu das Programm `RechteckListeMittel`, das diesen Wert ermittelt, indem es eine Probe über 1.000.000 Listen zu 1.000 Rechtecken untersucht.

**Lösung:**

```
import java.util.ArrayList;
import java.util.Random;

public class RechteckListeMittel
{
    final static int ANZ_RECHTECKE = 1000;
    final static int ANZ_PROBEN    = 1000000;
    final static int MAX_ABMESSUNG = 100;

    public static void main(String[] args)
    {
        int  anzQuadrate    = 0;

        for (int p = 0; p < ANZ_PROBEN; p++) {

            // Liste erstellen und füllen
            // --------------------------
            ArrayList liste     = new ArrayList(ANZ_RECHTECKE);
            Random    randomGen = new Random();

            for (int i = 0; i < ANZ_RECHTECKE; i++)
            {
                // Abmessungen ermitteln
                int b = randomGen.nextInt(MAX_ABMESSUNG);
                int h = randomGen.nextInt(MAX_ABMESSUNG);

                // Rechteck in die Liste packen
                liste.add(new Rechteck(b, h));
            }
```

```
            // Quadrate zählen
            // -----------------------------------
            for (int i = 0; i < liste.size(); i++)
            {
                Rechteck tempRechteck = (Rechteck)liste.get(i);

                if (tempRechteck.istQuadrat())
                    anzQuadrate++;
            }
        }

        // durchschnittliche Anzahl Quadrate ermitteln
        // -----------------------------------------
        double anzQuadrateMittel = (double)anzQuadrate / ANZ_PROBEN;

        System.out.println("Quadrate:            " + anzQuadrate);
        System.out.println("Proben:              " + ANZ_PROBEN);
        System.out.println("Quadrate im Mittel: " + anzQuadrateMittel);
    }
}
```

**4.** Die Klassen des Java-Standard-API bieten ausnahmslos eine Methode namens `toString()` an, die von der obersten Klasse `Object` geerbt und überschrieben wird. Auch Ihre selbst entworfenen Klassen sollten diese Methode überschreiben. Erläutern Sie die Aufgabe von `toString()`.

**Lösung:**

`toString()` gibt die `String`-Repräsentation eines Objekts an den Aufrufer zurück. Wie die aussieht, hängt von der Klasse des Objekts ab. Es kann sich dabei beispielsweise um eine Bezeichnung oder um einen Namen handeln. Bei einer Klasse, die eine Liste darstellt, könnten auch alle Elemente durch Kommata getrennt in eine einzelne lange Zeile geschrieben werden. Erlaubt ist eben alles, was mit einem `String` darstellbar ist und das Objekt repräsentiert.

Java greift automatisch auf `toString()` zurück, wenn ein Objekt in einen `String` konvertiert wird. Das passiert beispielsweise, wenn Sie versuchen, ein Objekt an die Methode `println()` zu übergeben. `println()` kann nur Strings ausgeben, versucht also jeden Parameter in eben solche umzuwandeln, indem es `toString()` aufruft und dessen Rückgabewert in den Stream ausgibt.

**5.** Betrachten Sie den folgenden Quelltext des Programms `AngestelltenApp`. Das Programm nutzt die Klasse `Angestellter`, die zu programmieren Ihre Aufgabe ist. Die von Ihnen erstellte Klasse soll so gestaltet sein, dass sie ohne Änderungen an `AngestelltenApp` funktioniert! Das heißt, dass die Klasse nach außen hin mindestens den verwendeten Konstruktor und die Methode `hatGeburtstag()` zur Verfügung stellt. Die Details der Implementierung sind Ihnen überlassen.

```
import java.util.ArrayList;
import java.util.GregorianCalendar;

public class AngestelltenApp
{
     public static void main(String[] args)
     {
        // Mitarbeiterliste laden
        // ----------------------
        ArrayList mitarbeiter = getMitarbeiter();

        // hat jemand Geburtstag?
        // ----------------------
        for (int i = 0; i < mitarbeiter.size(); i++)
        {
            Angestellter arbeiter = (Angestellter)mitarbeiter.get(i);

            if (arbeiter.hatGeburtstag())
                System.out.println(arbeiter + " hat heute Geburtstag!");
        }
     }

     public static ArrayList getMitarbeiter()
     {
        // Eine Dummy-Mitarbeiterliste erstellen. In einer "echten"
        // Anwendung würde sie wohl eher aus einer Datenbank heraus
        // befüllt.

        ArrayList         liste = new ArrayList(2);
        GregorianCalendar gebDatum, einstDatum;

        // Mitarbeiter 1
        gebDatum   = new GregorianCalendar(1968, 5, 23);
        liste.add(new Angestellter("Hugo", "Wimmer", gebDatum));

        // Mitarbeiter 2
        gebDatum   = new GregorianCalendar(1979, 11, 6);
        liste.add(new Angestellter("Karl", "Ehrlich", gebDatum));

        return liste;
    }
}
```

**Lösung:**

```
import java.util.GregorianCalendar;
import java.util.Calendar;

public class Angestellter
{
    protected String                vorname;
    protected String                nachname;
    protected GregorianCalendar     gebDatum;
```

```
    public Angestellter(String            vorname,
                        String            nachname,
                        GregorianCalendar gebDatum)
    {
        this.vorname    = vorname;
        this.nachname   = nachname;
        this.gebDatum   = gebDatum;
    }

    public boolean hatGeburtstag()
    {
        GregorianCalendar heute = new GregorianCalendar();

        if ((gebDatum.get(Calendar.MONTH)==heute.get(Calendar.MONTH)) &&
            (gebDatum.get(Calendar.DAY_OF_MONTH) ==
            heute.get(Calendar.DAY_OF_MONTH)))
        {
            return true;
        } else {
            return false;
        }
    }

    public String toString()
    {
        return vorname + " " + nachname;
    }
}
```

**6.** Erweitern Sie die Klasse `Angestellter` aus der vorhergehenden Aufgabe um die Methode `berechneAlter()`. Entwerfen Sie auch ein kleines Testprogramm, um die Methode auf Herz und Nieren zu prüfen.

**Lösung:**

Die Sache ist leider nicht ganz so trivial, wie sie auf den ersten Blick scheint. Zwar lässt sich eine „grobe" Altersangabe durch die Subtraktion des Geburtsjahres vom aktuellen Jahr ermitteln. Doch danach muss noch festgestellt werden, ob das Lebensjahr bereits vollendet worden ist. Dazu wird in der Lösung das ermittelte Tagesdatum um die errechneten Lebensjahre „zurückgedreht". Anschließend können die beiden nun vorhandenen Daten (Geburtsdatum und Tagesdatum minus Lebensjahre) verglichen werden. Liegt Tagesdatum minus Lebensjahre vor dem Geburtsdatum, ist das Lebensjahr noch nicht vollendet und es muss ein Jahr abgezogen werden.

Fügen Sie der Klasse `Angestellter` den folgenden Quelltext hinzu:

```
public int berechneAlter()
{
    int jahre = 0;
    int alter = 0;
    GregorianCalendar hilfDatum = new GregorianCalendar();

    // wie viele Jahre ist der Geburtstag her?
```

```
    jahre = hilfDatum.get(Calendar.YEAR) - gebDatum.get(Calendar.YEAR);

    if (jahre > 0)
    {
        // hilfDat zurückdrehen ins Geburtsjahr
        hilfDatum.roll(Calendar.YEAR, jahre * -1);

        if (hilfDatum.before(gebDatum))
        {
            // Tagesdatum liegt vor Geburtsdatum, also ist das
            // Lebensjahr noch nicht vollendet - 1 abziehen.
            jahre -= 1;
        }

    } else
    {
        // Fehler: Geburtsdatum liegt NACH Tagesdatum
        alter = 0;
    }

    return jahre;
}
```

Ein kleines Testprogramm (das jedoch viele mögliche Fehlerfälle ungetestet lässt) könnte beispielsweise so aussehen:

```
import java.util.GregorianCalendar;
import java.util.Calendar;

public class AngestellterAlterTestApp
{
    public static void main(String[] args)
    {
        Angestellter angestellte;
        GregorianCalendar gebDatum;

        // Die folgenden Testfälle wurden für das Tagesdatum
        // 9.12. konstruiert. Für ein anderes Datum bitte anpassen!

        // Testfall 1: Geburtstag war vor einem Monat
        //             Ergebnis müsste 27 sein
        gebDatum   = new GregorianCalendar(1975, Calendar.NOVEMBER, 12);
        angestellte= new Angestellter("Bettina", "Redlich", gebDatum);

        System.out.println("Testfall 1: "+angestellte.berechneAlter());

        // Testfall 2: Geburtstag ist erst nächste Woche
        //             Ergebnis müsste 26 sein
        gebDatum   = new GregorianCalendar(1975, Calendar.DECEMBER, 16);
        angestellte= new Angestellter("Bettina", "Redlich", gebDatum);

        System.out.println("Testfall 2: "+angestellte.berechneAlter());

        // Testfall 3: Geburtstag ist heute
```

```
        //              Ergebnis müsste 27 sein
        gebDatum    = new GregorianCalendar(1975, Calendar.DECEMBER, 9);
        angestellte = new Angestellter("Bettina", "Redlich", gebDatum);

        System.out.println("Testfall 3: "+angestellte.berechneAlter());
    }
}
```

**7.** Betrachten Sie das folgende Programm, das in einer Endlosschleife mithilfe des `new`-Operators Objekte der Klasse `Angestellter` erzeugt. Jedes dieser Objekte belegt einen gewissen Platz im Hauptspeicher des Rechners, aber keines wird vom Programm entfernt, um den belegten Speicher wieder freizugeben. Folglich müsste das Programm irgendwann mangels Speicherplatz abstürzen. Passiert das tatsächlich? Erläutern Sie Ihre Antwort!

**Hinweis**

Beobachten Sie den aktuellen Speicherbedarf des Programms am besten mit dem entsprechenden Tool Ihres Betriebssystems. Unter Windows ist das beispielsweise der *Task-Manager* (Registerkarte *Systemleistung*). Unter Linux nutzen Sie das Kommando `ps -ef`.

```
import java.util.GregorianCalendar;

public class EndlosAngestellteApp
{
    public static void main(String[] args)
    {
        Angestellter angestellte;
        GregorianCalendar gebDatum;

        gebDatum    = new GregorianCalendar(1975, 10, 12);

        while (gebDatum.equals(gebDatum)) {

            angestellte = new Angestellter("Bettina","Redlich",gebDatum);
        };
    }
}
```

**Lösung:**

Das Programm stürzt nicht ab, sondern läuft ewig so weiter. Der Grund dafür ist natürlich, dass Sie sich bei Java-Programmen nicht selbst um die Speicherverwaltung kümmern müssen. Nicht mehr benötigte Objekte (wie die in Massen produzierten `Angestellter`-Objekte) werden automatisch vom Garbage Collector gefunden und entfernt. Das Kriterium für „benötigt“ oder „nicht benötigt“ ist das Vorhandensein einer Objektvariablen. Solange noch eine Objektvariable wie `angestellte` mit dem Objekt verbunden ist, wird es auch nicht entfernt. Wird aber `angestellte` ein neu erzeugtes Objekt zugewiesen, so wird das alte von diesem Moment an nicht mehr vom Programm referenziert. Der Garbage Collector kann es dann löschen, ohne das laufende Programm dadurch zu beeinflussen.

Bei einem C++-Programm würde das gezeigte Programm tatsächlich zum Speichertod auf Raten führen, denn dort müssen mit `new` erzeugte Objekt mit `delete` wieder zerstört werden. Wenn ein C++-Programmierer den Zeiger auf ein Objekt verliert, bleibt es bis zum Programmende im Speicher liegen und er hat keine Chance mehr, wieder daran zu kommen.

**8.** Das folgende Programm erzeugt zwei gleiche Objekte der Klasse `Angestellter` und vergleicht diese. Welche Ausgabe erzeugt das Programm?

```
import java.util.GregorianCalendar;

public class AngestellteVergleichenApp
{
    public static void main(String[] args)
    {
        Angestellter a, b;
        GregorianCalendar gebDatum;

        gebDatum = new GregorianCalendar(1975, 10, 12);
        a        = new Angestellter("Bettina", "Redlich", gebDatum);
        b        = new Angestellter("Bettina", "Redlich", gebDatum);

        if (a == b)
        {
            System.out.println("Die Objekte sind gleich.");
        } else
        {
            System.out.println("Die Objekte sind ungleich.");
        }
    }
}
```

**Lösung:**

Das Programm behauptet, dass die Objekte ungleich wären. Auf den ersten Blick erscheint das unlogisch, denn es werden ja zwei Objekte mit exakt den gleichen Konstruktoraufrufen erzeugt.

Bei näherer Betrachtung ist das aber genau das zu erwartende Verhalten. Der `==`-Operator vergleicht nämlich nicht die Attributwerte der Objekte (das kann er gar nicht), sondern die Objektidentität. Er kann also nur feststellen, ob `a` und `b` das gleiche Objekt sind – nicht, ob sie zwei unterschiedliche Objekte mit gleichen Attributwerten sind.

**9.** Passen Sie die Klasse `Angestellter` und das Programm `AngestellteVergleichenApp` aus der vorhergehenden Aufgabe dahingehend an, dass `Angestellter`-Objekte inhaltlich verglichen werden können. Ein Vergleich von `a` und `b` wie in `AngestellteVergleichenApp` soll also *true* liefern.

**Lösung:**

Dazu muss eine neue Methode in `Angestellter` implementiert werden, die analog zu den entsprechenden Methoden des Java-API am besten `equals()` genannt wird. Fügen Sie diesen Code der Klasse hinzu:

```
public boolean equals(Angestellter object)
{
    boolean retWert = object.vorname == this.vorname &&
                      object.nachname == this.nachname &&
                      object.gebDatum.equals(this.gebDatum);

    return retWert;
}
```

Das Programm zum Testen der neuen Methode sieht dann folgendermaßen aus:

```
import java.util.GregorianCalendar;

public class AngestellteVergleichenApp
{
    public static void main(String[] args)
    {
        Angestellter a, b;
        GregorianCalendar gebDatum;

        gebDatum = new GregorianCalendar(1975, 10, 12);
        a        = new Angestellter("Bettina", "Redlich", gebDatum);
        b        = new Angestellter("Bettina", "Redlich", gebDatum);

        if (a.equals(b))
        {
            System.out.println("Die Objekte sind gleich.");
        } else
        {
            System.out.println("Die Objekte sind ungleich.");
        }
    }
}
```

**10.** Welche Ausgabe erzeugt das folgende Programm? Begründen Sie Ihre Antwort!

```
import java.util.GregorianCalendar;

public class AngestellteVergleichenApp2
```

```
{
    public static void main(String[] args)
    {
        Angestellter a, b;
        GregorianCalendar gebDatum;

        gebDatum = new GregorianCalendar(1975, 10, 12);
        a        = new Angestellter("Bettina", "Redlich", gebDatum);
        b        = a;

        if (a == b)
        {
            System.out.println("Die Objekte sind gleich.");
        } else
        {
            System.out.println("Die Objekte sind ungleich.");
        }
    }
}
```

**Lösung:**

Das Programm gibt aus, dass es die Objekte für gleich hält. Das ist in diesem Fall auch richtig, denn `b` wird das gleiche Objekt zugewiesen wie `a`.

**11.** Versehen Sie die aus einigen vorhergehenden Aufgaben bekannte Klasse `Rechteck` mit den zwei neuen Methoden `toString()` und `setzeGroesse()`.

**Lösung:**

```
public class Rechteck
{
    protected int breite = 0;
    protected int hoehe  = 0;

    public Rechteck(int breite, int hoehe)
    {
        if (breite > 0 && hoehe > 0)
        {
            this.breite = breite;
            this.hoehe  = hoehe;
        }
    }

    public long flaeche()
    {
        return breite * hoehe;
    }

    public boolean istQuadrat()
    {
```

```
        return breite == hoehe;
    }

    public void setzeGroesse(int breite, int hoehe)
    {
        if (breite > 0 && hoehe > 0)
        {
            this.breite = breite;
            this.hoehe  = hoehe;
        }
    }

    public String toString()
    {
        return this.breite + " x " + this.hoehe;
    }
}
```

**12.** Betrachten Sie den folgenden Quelltext des Programms `ObjektidentitaetApp` für dessen Kompilierfähigkeit die in der vorhergehenden Aufgabe vorgenommenen Änderungen von `Rechteck` notwendig sind.
Welche Zweige der `if`-Statements werden durchlaufen? Welche Größe hat Rechteck `a` nach der Größenänderung von Rechteck `b`? Begründen Sie Ihre Antwort!

```
public class ObjektidentitaetApp
{
    public static void main(String[] args)
    {
        Rechteck a = new Rechteck(50, 80);
        Rechteck b = a;

        if (a == b)
        {
            System.out.println("Objekte sind gleich!");
            System.out.println("a: " + a);
            System.out.println("b: " + b);
        } else
        {
            System.out.println("Objekte sind ungleich!");
            System.out.println("a: " + a);
            System.out.println("b: " + b);
        }

        System.out.println("Größe von b wird geändert ...");
        b.setzeGroesse(40, 40);

        if (a == b)
        {
            System.out.println("Objekte sind gleich!");
            System.out.println("a: " + a);
```

```
                System.out.println("b: " + b);
            } else
            {
                System.out.println("Objekte sind ungleich!");
                System.out.println("a: " + a);
                System.out.println("b: " + b);
            }
        }
    }
```

**Lösung:**

Während der gesamten Laufzeit des Programms gibt es nur ein `Rechteck`-Objekt, das mit dem `new`-Operator erzeugt wird. Sowohl `a` als auch `b` referenzieren somit das gleiche Objekt. Aus dieser Erkenntnis heraus lässt sich das Verhalten des Programms auch ohne ausprobieren (sozusagen „im Trockendock") vorhersagen:

- Das erste `if`-Statement stellt die Gleichheit der Objekte fest, weil hinter der Objektvariablen `b` das gleiche Objekt steckt wie hinter `a`. In den Zeilen 9 und 10 werden also nicht die gleichen Abmessungen zweier verschiedener Rechtecke ausgegeben, sondern zweimal die Abmessungen ein und desselben Rechtecks.
- Der Aufruf von `b.setzeGroesse()` verändert dementsprechend die Abmessungen des Objekts, wie es genauso mit `a.setzeGroesse()` erreichbar wäre.
- Somit liefert der Vergleich des Objekts mit sich selbst auch im zweiten Versuch *true* zurück und auch die ausgegebenen Abmessungen sind wiederum gleich.

## 5.2 Konstruktoren und Finalizer

**13.** Erläutern Sie, was ein Konstruktor ist.

**Lösung:**

Konstruktoren sind eine spezielle Art von Methoden, die zur Instantiierung eines neuen Objekts aufgerufen werden. Im Gegensatz zu normalen Methoden haben Konstruktoren allerdings niemals einen Rückgabewert und auch der Name ist nicht frei wählbar. Sie heißen immer genauso wie ihre jeweilige Klasse.

Ein Konstruktor übernimmt den unangenehmen Teil der Arbeit bei der Erzeugung von neuen Instanzen. Er reserviert beispielsweise den benötigten Speicherplatz im RAM des Computers und übernimmt die Vorbelegung der Attribute mit den Default-Werten der jeweiligen Datentypen.

**14.** Wie viele Konstruktoren muss eine Klasse mindestens, wie viele darf sie maximal haben?

**Lösung:**

Jede Klasse besitzt mindestens einen Konstruktor, wobei dieser nicht explizit unbedingt vom Programmierer definiert werden muss. Enthält eine Java-Klasse keinen explizit definierten Konstruktor, so besitzt sie einen impliziten Standard-Konstruktor, der die Speicherreservierung durchführt und das Objekt erzeugt.

Wenn zusätzlich zu dieser Standard-Aufgabe bei der Konstruktion eines Objekts weitere Aktionen durchgeführt werden sollen, können Sie diese mithilfe beliebig vieler verschiedener Konstruktoren durchführen. Dabei gelten die gleichen Regeln wie bei überladenen Methoden, d.h., es gibt immer nur eine Kombination aus Methodenname, Rückgabewert und Parameterliste.

**15.** Was ist ein Finalizer?

**Lösung:**

Wenn Sie einen C++-Programmierer fragen, an welcher Stelle in einer Klasse er die beim Zerstören des Objekts nötigen Aufräumarbeiten vornimmt, so wird er den Destruktor der Klasse nennen. Der Destruktor übernimmt genau die gegenteilige Aufgabe des Konstruktors, nämlich ein bestehendes Objekt wieder einzustampfen. Dabei werden reservierte Speicherbereiche wieder freigegeben und abschließende Aufgaben erfüllt. Beispielsweise könnte man hier geöffnete Dateien schließen oder Datenbankverbindungen beenden, wenn das Objekt mittels `delete` gelöscht wird.

Java kennt allerdings keine solchen Destruktoren, denn Java-Objekte werden ja auch nicht explizit vom Programmierer zerstört. Stattdessen räumt der Garbage Collector sie irgendwann weg. Nun kann es dennoch nötig sein, bei der endgültigen Beseitigung des Objekts bestimmten Code auszuführen. Diesen packt man bei Java in die Finalizer, also Methoden, die direkt vor der Zerstörung des Objekts ausgeführt werden.

**16.** Angenommen, Sie entwickeln eine Klasse, die während ihres gesamten Lebenszyklus umfangreiche Systemressourcen belegt. Bei ihrer Konstruktion füllt sie den Speicher mit umfangreichen Listen, öffnet einige Dutzend Dateien und eine Hand voll Datenbankverbindungen zu einem Server in New York.
Einer Ihrer Kollegen schlägt nun vor, die Freigabe dieser Ressourcen im Finalizer der Klasse vorzunehmen. So, argumentiert er, könne man sicher sein die wertvollen Ressourcen zum frühestmöglichen Zeitpunkt wieder zur Verfügung stehen zu haben.
Was halten Sie von diesem Vorschlag?

**Lösung:**

Der Kern der Überlegung ist richtig und wichtig: Wenn das Objekt nicht mehr benötigt wird, müssen die belegten Ressourcen so schnell wie möglich wieder freigegeben werden.

Gerade unter diesem Gesichtspunkt ist der Finalizer aber ein ungeeigneter Ort für die Aufräumarbeiten. Es kann nämlich niemand im Vorfeld sagen, *wann* genau der Garbage Collector ein Objekt zerstören und somit den Finalizer ausführen wird. Die Garbage Collection läuft nämlich als Hintergrundprozess mit niedriger Priorität. Es kann Ihnen deshalb passieren, dass das „Monsterobjekt“ im Speicher nicht mehr referenziert wird und somit zur Zerstörung freigegeben ist, der Garbage Collector es aber nicht sofort entfernt, weil andere Prozesse den Vortritt haben. Die durch Listen, offene Dateien und Datenbankverbindungen belegten Ressourcen auf Ihrem Rechner und dem Server in New York werden erst nach einer nicht vorhersagbaren Zeitspanne freigegeben.

Ein weiteres Problem ist, dass das Objekt unter Umständen *gar nicht* vom Garbage Collector entfernt wird. Das ist beispielsweise bei der Beendigung des Programms der Fall, bei der auch der Garbage Collector beendet wird. In diesem Fall bleibt es dem Betriebssystem überlassen, sich die nicht mehr benötigten Ressourcen wiederzuholen. Gerade bei Netzwerk- und Datenbankverbindungen gibt es dabei allerdings keine Erfolgsgarantie.

Eine bessere Lösung wäre demnach, die Klasse mit einer „Aufräum-Methode“ zu versehen, die beispielsweise `freeResources()` heißen könnte. Diese kann aus dem Quelltext heraus aufgerufen werden, der das Objekt erstellt und irgendwann wieder freigibt, indem er die Objektvariable verliert – an der Stelle also, an der Sie als Programmierer sagen: „Aha, hier geht die Methode y zu Ende und die darin deklariert Objektvariable x für meine Monsterklasse wird ungültig.“

Diese Lösung verlangt einen bewussteren Programmierstil von Ihnen, ist aber aus den genannten Gründen dem reinen Vertrauen auf den Garbage Collector vorzuziehen.

**17.** Gegeben sei das folgende Programm. Ziel ist es, das Verhalten des Garbage Collectors zu visualisieren, indem für jedes erzeugte `FinalizerDemo`-Objekt ein „O“ auf den Bildschirm ausgegeben wird. Für jedes wieder entfernte soll hingegen ein „X“ ausgegeben werden. Implementieren Sie `FinalizerDemo` dementsprechend und testen Sie `FinalizerDemoApp`. Nutzen Sie zur Ausgabe von „O“ und „X“ die `print()` statt der `println()`-Methode, damit nicht nach jedem Zeichen ein Zeilenumbruch erfolgt.
Interpretieren Sie die Ausgabe des Programms!

```
public class FinalizerDemoApp
{
    public static void main(String[] args)
    {
        for (int i = 0; i < 50000; i++)
        {
            FinalizerDemo x = new FinalizerDemo();
        }
    }
}
```

**Lösung:**

Zunächst die fertige Klasse:

```
public class FinalizerDemo
{
    public FinalizerDemo()
    {
        System.out.print("O");
    }

    protected void finalize()
    {
```

```
            System.out.print("X");
        }
    }
```

Nun zur Deutung der Ausgabe: Bei der Betrachtung fällt auf, dass sich Erzeugung und Zerstörung der Objekte nicht abwechseln, wie man das erwarten könnte. Immerhin ist ja zu jedem Zeitpunkt der Programmausführung maximal ein `FinalizerDemo`-Objekt durch die Objektvariable `x` referenziert. Das heißt, dass das Objekt der Vorrunde für den Garbage Collector freigegeben wird, sobald die Schleife in die nächste Runde geht.

Der aber kümmert sich erst einmal gar nicht darum, sondern greift nur alle paar Sekunden ein und entfernt dann gleich einen ganzen Haufen Objekte auf einmal. Auf dem Bildschirm sind deshalb Blöcke von „O“ und „X“ zu sehen, die sich abwechseln und somit die Lösung von Aufgabe 16 stützen: Es ist unmöglich, einen genauen Zeitpunkt der Zerstörung eines Objekts vorherzusagen. Dass das Programm ein Objekt aus den Augen verliert, bedeutet noch lange nicht, dass es auch sofort zerstört wird.

Noch schlimmer: Der letzte Block nach Beendigung des Programms besteht nicht aus „X“. Das heißt, dass der letzte Schwung erzeugter Objekte überhaupt nicht vom Garbage Collector entfernt wurde. Stattdessen wurde das Programm einfach terminiert und das Betriebssystem hat sich die Ressourcen wiedergeholt. Das ist prinzipiell erst einmal in Ordnung, denn auch so wird beispielsweise belegter Speicher wieder freigegeben. Allerdings gilt das nicht zwingend auch für andere Ressourcen wie offene Dateien, Netzwerk- oder Datenbankverbindungen. Die könnten bei so einem harten Ende auf der Strecke bleiben – ganz schlecht!

**18.** Gegeben ist die Klasse `Pizza` (siehe unten). Entwickeln Sie eine Applikation namens `PizzaCopyApp`, die eine `Pizza` mit einem Durchmesser von 28 cm und mit extra Käse erstellt. Anschließend soll eine echte Kopie dieses Objekts erzeugt werden.
Lösen Sie die Aufgabe, ohne `Pizza` zu ändern.

```
public class Pizza
{
    protected byte    durchmesser;
    protected boolean extraKaese;

    public Pizza(byte durchmesser, boolean extraKaese)
    {
        this.durchmesser = durchmesser;
        this.extraKaese  = extraKaese;
    }

    public String toString()
    {
        String retWert = "Pizza (" + durchmesser + "cm)";

        if (extraKaese)
        {
            retWert += " mit extra Käse";
        }

        return retWert;
    }
```

```
        public byte getDurchmesser()
        {
            return (this.durchmesser);
        }

        public void setDurchmesser(byte durchmesser)
        {
            this.durchmesser = durchmesser;
        }

        public boolean getExtraKaese()
        {
            return (this.extraKaese);
        }

        public void setExtraKaese(boolean extraKaese)
        {
            this.extraKaese = extraKaese;
        }
    }
```

**Lösung:**

Im Moment gibt es noch keine andere Chance, als zwei Objekte mithilfe von `new` anzulegen. Dabei werden der Kopie im Konstruktor die Eigenschaften des Original Objekts mitgegeben. So kommt man zu einem zweiten `Pizza`-Objekt, das die gleichen Attributwerte hat wie das erste.

```
public class PizzaCopyApp
{
    public static void main(String[] args)
    {
        // Originalobjekt anlegen
        Pizza pizzaFuerHeike = new Pizza((byte)28, true);

        // Pizza kopieren
        Pizza meinePizza;
        meinePizza = new Pizza(pizzaFuerHeike.getDurchmesser(),
                               pizzaFuerHeike.getExtraKaese());

        // Infos zu den Pizzen ausgeben
        System.out.println("Heikes Pizza: " + pizzaFuerHeike);
        System.out.println("Meine Pizza:  " + meinePizza);
    }
}
```

**19.** Die zur vorhergehenden Aufgabe gezeigte Lösung funktioniert zwar, ist aber nicht sehr elegant. Gerade wenn die Klassen komplexer (realistischer) werden, bläht diese Art des Objektkopierens den Quelltext übermäßig auf. Immerhin müssen Sie jeden Attributwert einzeln vom Original abfragen und dem Konstruktor der Kopie übergeben. Und wenn der Konstruktor nicht alle Attribute verarbeiten kann, die wichtig sind, müssen sogar nach der Erzeugung der Kopie noch manuelle Zuweisungen stattfinden.
Welche alternative Lösung können Sie vorschlagen?

**Lösung:**

Für solche Fälle kann man z.B. einen *Copy-Konstruktor* implementieren. Das ist ein Konstruktor, der als Parameter ein Objekt seiner eigenen Klasse erwartet und die Attribute „seines" Objekts auf die gleichen Werte setzt wie die des Originals. Versehen Sie `Pizza` mit einem Copy-Konstruktor, indem Sie den folgenden Quelltext zur Klasse hinzufügen:

```
public Pizza(Pizza anderePizza)
{
    if(this != anderePizza)
    {
        this.durchmesser = anderePizza.durchmesser;
        this.extraKaese  = anderePizza.extraKaese;
    }
}
```

Anschließend können Sie mit erheblich weniger Schreibaufwand `Pizza`-Kopien anlegen:

```
public class PizzaCopyApp2
{
    public static void main(String[] args)
    {
        // Original-Objekt anlegen
        Pizza pizzaFuerHeike = new Pizza((byte)28, true);

        // Pizza kopieren
        Pizza meinePizza = new Pizza(pizzaFuerHeike);

        // Infos zu den Pizzen ausgeben
        System.out.println("Heikes Pizza: " + pizzaFuerHeike);
        System.out.println("Meine Pizza:  " + meinePizza);
    }
}
```

**Hinweis**

Bitte beachten Sie, dass es noch eine andere Möglichkeit gibt, Kopien von Objekten herzustellen. Dazu muss die Klasse das Interface `Cloneable` implementieren und die `clone()`-Methode überschreiben. Darauf wird in Abschnitt 7.3 „Interfaces" näher eingegangen.

**20.** Erweitern Sie `Pizza` um einen dritten Konstruktor, der nur den Durchmesser übergeben bekommt und standardmäßig keinen extra Käse verwendet.

**Lösung:**

```
public Pizza(byte durchmesser) {

    this.durchmesser = durchmesser;
    this.extraKaese  = false;
}
```

## 5.3 Sichtbarkeit von Klassenelementen

**21.** Erläutern Sie das *Geheimnisprinzip* der objektorientierten Programmierung.

**Lösung:**

Beim objektorientierten Design folgt man üblicherweise so gut es geht dem Geheimnisprinzip. Dieses Prinzip besagt, dass ein Objekt möglichst alle seine Attribute vor außen stehenden Objekten verbergen soll. Nur das Objekt selbst soll alle seine Attribute kennen und darauf zugreifen dürfen. Wenn eine Veränderung von Attributwerten notwendig ist, soll dies durch den Aufruf von Methoden des Objekts geschehen. So behält das Objekt stets die Kontrolle darüber, welche Werte seine Attribute annehmen.

Prinzipiell kann der Programmierer darüber entscheiden, welche Attribute des Objekts verborgen und welche öffentlich sind. Dazu gibt er bei der Deklaration Modifikatoren (auch Sichtbarkeitsattribute genannt) wie `public` oder `protected` an.

Durch eine disziplinierte Anwendung des Geheimnisprinzips wird die Wiederverwendbarkeit von Objekten (oder besser: Klassen) stark vereinfacht. Der Programmierer braucht sich hier nicht mehr darum zu kümmern, wie irgendwelche Funktionen realisiert sind und welche Datenstrukturen dazu benötigt werden. Ihn interessiert nur, was die von außen zugänglichen Methoden leisten.

**22.** Nennen Sie **alle** Modifikatoren, die auf Methoden angewendet werden können, und erläutern Sie kurz ihre Wirkung.

**Lösung:**

| Modifikator | Bedeutung |
|---|---|
| `abstract` | Die Methode besitzt nur einen Kopf und keinen Körper. Dieser muss in den Unterklassen implementiert werden. Auch die definierende Klasse muss `abstract` sein. Ist mit anderen Modifikatoren kombinierbar. |

| Modifikator | Bedeutung |
|---|---|
| `public` | Die Methode ist von überall aufrufbar. |
| `private` | Die Methode ist nur von innerhalb der definierenden Klasse aufzurufen. Auch abgeleitete Klassen haben keinen Zugriff. |
| `protected` | Die Methode ist nur von innerhalb der definierenden Klasse, deren Unterklassen und innerhalb des Pakets aufrufbar. |
| `static` | Definiert eine statische Klassenmethode, die nicht in jeder Instanz vorliegt, sondern an die Klasse gebunden bleibt (siehe Kapitel 6 „Statische Klassenelemente"). |
| `native` | Die Methode ist in einer anderen Programmiersprache realisiert. Wie bei `abstract` ist nur der Methodenkopf definiert. |
| `final` | Die Methode kann nicht von Unterklassen überschrieben werden. |

**23.** Nennen Sie **alle** Modifikatoren, die auf Membervariablen einer Klasse angewendet werden können und erläutern Sie kurz ihre Wirkung. Beachten Sie auch den möglichen Fall, dass kein Modifikator angegeben wird.

**Lösung:**

| Modifikator | Bedeutung |
|---|---|
| keiner angegeben | Der Zugriff auf die Variable ist nur von innerhalb des Pakets möglich, zu dem die definierende Klasse gehört. |
| `public` | Der Zugriff auf die Variable kann von überall erfolgen, von wo aus auch die Klasse erreichbar ist. |
| `final` | Der Wert der Variablen kann nach der Initialisierung nicht mehr verändert werden (Konstante). Ist mit anderen Modifikatoren kombinierbar. |
| `private` | Der Zugriff auf die Variable ist nur von innerhalb der eigenen Klasse möglich. |
| `protected` | Der Zugriff auf die Variable ist von innerhalb des Pakets möglich, zu dem die Klasse gehört. Außerdem können Unterklassen darauf zugreifen. |
| `transient` | Der Inhalt der Variablen wird bei einer *Serialisierung* (siehe Kapitel 9 „Ein- und Ausgabe") nicht beachtet. Ist mit anderen Modifikatoren kombinierbar. |
| `static` | Die Variable wird nicht mit instantiiert, sondern bleibt an die Klasse gebunden (siehe Kapitel 6 „Statische Klassenelemente"). Ist mit anderen Modifikatoren kombinierbar. |

**24.** Nennen Sie **alle** Modifikatoren, die auf eine Klasse selbst angewendet werden können, und erläutern Sie kurz ihre Wirkung. Beachten Sie auch den möglichen Fall, dass kein Modifikator angegeben wird.

**Lösung:**

| Modifikator | Bedeutung |
|---|---|
| keiner angegeben | Die Klasse ist nur von anderen Klassen aus demselben Paket erreichbar. |
| `abstract` | Die Klasse ist abstrakt, kann also nicht instantiiert werden. Ist mit anderen Modifikatoren kombinierbar. |
| `public` | Die Klasse ist von überall erreichbar (vorausgesetzt, der CLASSPATH des Compilers ist richtig gesetzt, sodass sie auch im Dateisystem gefunden wird). |
| `final` | Von der Klasse können keine neuen Unterklassen abgeleitet werden. Ist mit anderen Modifikatoren kombinierbar. |

**25.** In einem komplexen Softwaresystem zur Steuerung einer Fertigungsanlage werden häufig aufwändige Berechnungen und Datenbankzugriffe durchgeführt. Dabei ist es unabdingbar, dass die dazu benötigten Zeiten ein gewisses Maß nicht überschreiten.
Um die Verarbeitungszeiten ständig überwachen zu können und auch in der laufenden Anlage einen Überblick über die Entwicklung zu bekommen, soll eine Klasse zur Messung von Zeitspannen entwickelt werden. Die Idee ist, vor dem Start einer Berechnung die Zeitmessung durch Aufruf einer `start()`-Methode zu beginnen und nach dem Ende durch `stop()` wieder anzuhalten. Anschließend soll die gemessene Zeitspanne in Millisekunden abrufbar sein. Im Folgenden sehen Sie einen ersten Entwurf der Klasse sowie ein Testprogramm, mit dem die Funktionsweise der Klasse demonstriert werden kann. Beurteilen Sie das Design der Klasse `ZeitMesser`. Welche Vorteile objektorientierter Programmierung werden nicht genutzt? Was könnte man besser machen?

Der erste Entwurf der Klasse sieht folgendermaßen aus:

```
import java.util.Calendar;

public class ZeitMesser
{
    public long startInMillis;
    public long stopInMillis;
    public long differenzInMillis;

    public void start()
    {
        // Stoppzeit und Differenz wegwerfen
        stopInMillis      = 0;
```

```
        differenzInMillis = 0;

        // Startzeit: JETZT
        startInMillis = Calendar.getInstance().getTimeInMillis();
    }

    public void stop()
    {
        // Stoppzeit: JETZT
        stopInMillis = Calendar.getInstance().getTimeInMillis();

        // Differenz berechnen
        differenzInMillis = stopInMillis - startInMillis;
    }
}
```

Und dies ist ein kleines Testprogramm, mit dem die Funktionsweise der Klasse demonstriert werden kann:

```
public class ZeitMessTestApp
{
    public static void main(String[] args)
    {
        // Zeitmesser erstellen und starten
        ZeitMesser zeitMesser = new ZeitMesser();
        zeitMesser.start();

        // 1,5 Sekunden schlafen - try/catch muss sein, weil sleep()
        // Exceptions werfen kann. Das ist hier aber egal.
        try
        {
            Thread.sleep(1500);
        } catch (Exception e)
        {
            System.out.println("Unbekannter Fehler");
        }

        // Messung anhalten und Differenz ausgeben
        zeitMesser.stop();
        System.out.println("Zeit: " + zeitMesser.differenzInMillis);
    }
}
```

**Lösung:**

Wie das Testprogramm zeigt, ist die Klasse durchaus funktionsfähig und erfüllt die gestellten Anforderungen. Was das Objektdesign angeht hat sie aber einen Schönheitsfehler: Die Membervariablen sind öffentlich zugänglich, d.h., dass die Messung manipuliert und das Ergebnis verfälscht werden kann.

Nun ist es natürlich nicht so, dass irgendjemand mutwillig diese Variablen auf andere Werte setzt und so die Ergebnisse verfälscht. Vielmehr müssen wir davon ausgehen, dass so etwas sehr schnell versehentlich geschieht (z.B. wenn mit dem Inhalt herumgerechnet wird). Außerdem gibt es ein Problem mit der Wieder- und Weiterverwendbarkeit der Klasse. Nehmen Sie nur einmal an, jemand würde jetzt `ZeitMesser` nehmen und in seinem Programm verwenden. Dabei geht er davon aus, dass ihm die drei Membervariablen zur Verfügung stehen und das sie tatsächlich Zeitangaben in Millisekunden enthalten. Deshalb hat er auch keine Hemmungen, diese Werte auszulesen und damit herumzurechnen – seine gesamte Programmlogik zur Zeitüberwachung steht und fällt mit dieser Annahme.

Nun kommen aber Sie daher und ändern die Implementierung der Klasse, weil es eine bessere Möglichkeit zur Zeitmessung gibt. Und auf einmal gibt es diese Variablen nicht mehr! In diesem Moment entsteht eine neue Version von `ZeitMesser`, die der Kollege in seinem Programm nicht ohne weiteres verwenden kann. Die Vorteile eines objektorientierten Designs sind einfach dahin ...

Die bessere Lösung ist, die Implementierungsdetails der Klasse (dazu gehören die drei Membervariablen) vor der Außenwelt zu verbergen und nur Methoden zur Verfügung zu stellen. Die sind nämlich beliebig änderbar, solange nur die Deklaration (also Name, Rückgabewert und Parameterliste) gleich bleiben. Dann kann auch Ihr Kollege bedenkenlos die neue und verbesserte Version der Klasse verwenden.

**26.** Die Antwort zu Frage 25 kommt zu dem Schluss, dass die Membervariablen nicht öffentlich sein sollten und eine Methode zur Abfrage des Messergebnisses optimal wäre. Verändern Sie `ZeitMesser` dementsprechend.

**Lösung:**

Die neue Version der Klasse sieht folgendermaßen aus:

```
import java.util.Calendar;

public class ZeitMesser
{
    protected long startInMillis;
    protected long stopInMillis;
    protected long differenzInMillis;

    public void start()
    {
        // Stoppzeit und Differenz wegwerfen
        stopInMillis      = 0;
        differenzInMillis = 0;

        // Startzeit: JETZT
        startInMillis = Calendar.getInstance().getTimeInMillis();
    }

    public void stop()
    {
        // Stoppzeit: JETZT
        stopInMillis = Calendar.getInstance().getTimeInMillis();

        // Differenz berechnen
        differenzInMillis = stopInMillis - startInMillis;
    }

    public long getDifferenzInMillis()
```

```
    {
        return differenzInMillis;
    }
}
```

Dadurch muss natürlich auch die Auswertung des Messergebnisses geändert werden:

```
System.out.println("Zeit: " + zeitMesser.getDifferenzInMillis());
```

# Modul 6

# Statische Klassenelemente

Einen besonderen Platz bei der Objektmodellierung nehmen statische Klassenelemente ein.

Bei einigen Lösungen zu vorangegangenen Aufgaben wurde bereits von solchen Elementen Gebrauch gemacht. Die Wrapper-Klassen des Standard-API stellen beispielsweise viele Funktionalitäten als statische Methoden zur Verfügung. Aber auch statische Attribute sind Ihnen bereits begegnet.

Mit den Aufgaben dieses Kapitels können Sie prüfen, wie gut Sie die Funktionsweise von statischen Methoden und Attributen verinnerlicht haben und sie einsetzen können.

**Sie sollten wissen**

- was statische von anderen Klassenelementen unterscheidet
- wie man Methoden und Attribute als statisch deklariert
- wie man statische Klassenelemente von außen nutzen kann
- in welchen Fällen statische Methoden und Attribute anderen vorzuziehen sind

## 6.1 Statische Methoden

**1.** Das unten stehende Programm ist gegeben. Implementieren Sie die Klasse `Zinsrechner`, die von diesem Programm genutzt wird.

```
public class ZinsrechnerApp
{
    public static void main(String[] args)
    {
        double zinsen = 0;

        // Wir legen 20.000,- Euro zu 3,25% ein halbes Jahr lang an:
        zinsen = Zinsrechner.berechneZins(20000, 3.25, 180);
        System.out.println("Zinsertrag: " + zinsen + " Euro");
    }
}
```

**Lösung:**

`Zinsrechner` wird nicht instantiiert, bevor die Methode `berechneZins()` aufgerufen wird. Deshalb ist die Methode offensichtlich statisch. Der Quelltext der Klasse sieht somit folgendermaßen aus:

```
public class Zinsrechner
{
    public static double berechneZins(double k, double p, int t)
    {
        double zins = 0;
        zins = (k * p * t) / (360 * 100);
        return zins;
    }
}
```

**2.** Kann die für Aufgabe 1 implementierte Klasse `Zinsrechner` ohne Änderungen für das folgende Programm weiterverwendet werden?

```
public class ZinsrechnerApp
{
    public static void main(String[] args)
    {
        double zinsen = 0;

        // Wir legen 25.000,- Euro zu 3,35% ein halbes Jahr lang an:
        Zinsrechner rechner = new Zinsrechner();
        zinsen = rechner.berechneZins(25000, 3.35, 180);
        System.out.println("Zinsertrag: " + zinsen + " Euro");
    }
}
```

**Lösung:**

Ja, die Klasse arbeitet auch ohne Änderungen mit diesem Programm zusammen. Eine statische Methode kann nämlich problemlos über eine Instanz der Klasse aufgerufen werden. Umgekehrt (also eine dynamische Methode über den Klassennamen statt eine Instanz aufzurufen) würde es hingegen nicht klappen.

**3.** Erweitern Sie `Zinsrechner` um eine Methode `berechneKapital()`, die das neue Kapital nach einer mehrjährigen Anlage inklusive Zins und Zinseszins berechnet. Dazu werden ihr folgende Parameter übergeben:

- Das Startkapital, das zu Beginn der Laufzeit angelegt wird.
- Der Zinssatz per annum, zu dem das Startkapital angelegt wird.
- Die Laufzeit der Anlage in Jahren.

Der Rückgabewert der Methode ist das Startkapital zuzüglich der im Laufe der Anlagezeit hinzugekommenen Zinsen. Beachten Sie dabei, dass die Zinsen eines Jahres am Jahresende stets zum zu verzinsenden Kapital hinzugerechnet werden müssen.
Und damit diese Aufgabe gleichzeitig eine kleine Übung zum Thema *Schleifen* wird, gibt es noch eine Randbedingung: Verwenden Sie nicht die Zinseszins-Formel!

**Lösung:**

Die folgende, neue Fassung von Zinsrechner beinhaltet eine `berechneKapital()`-Methode, die ohne Hilfe der Zinseszins-Formel implementiert wurde. Das ist natürlich weniger elegant und außerdem langsamer, aber das Ergebnis stimmt trotzdem:

```
public class Zinsrechner
{
    public static double berechneZins(double k, double p, int t)
    {
        double zins = 0;
        zins = (k * p * t) / (360 * 100);
        return zins;
    }

    public static double berechneKapital(double k0, double p, int j)
    {
        for (int i = 0; i < j; i++)
        {
            k0 += berechneZins(k0, p, 360);
        }
        return k0;
    }
}
```

Der Vollständigkeit halber sei hier auch eine Variante von `berechneKapital()` gezeigt, die sich der Zinseszins-Formel bedient:

```
public static double berechneKapital(double k0, double p, int j)
{
    k0 = k0 * java.lang.Math.pow((1 + p/100), j);
    return k0;
}
```

Und mit diesem Programm lässt sich die Methode testen:

```
public class ZinsesZinsApp
{
    public static void main(String[] args)
    {
        // Wir legen 25.000,- Euro zu 3,35% 15 Jahre lang an:
        double kapital = Zinsrechner.berechneKapital(25000, 3.35, 15);
        System.out.println("Kapital: " + kapital + " Euro");
    }
}
```

**4.** Warum ist es sinnvoll, die Methoden der in den vorhergehenden Aufgaben erarbeiteten Klasse `Zinsrechner` statisch zu implementieren?

**Lösung:**

Beide Methoden haben keinerlei Bezug zu Attributen ihrer Klasse – eine Beobachtung, die in diesem Beispiel nicht schwer fällt, weil `Zinsrechner` gar keine Attribute besitzt.

Und wenn das der Fall ist, dann haben diese Methoden auch keinen Bezug zu den einzelnen Instanzen der Klasse. Diese unterscheiden sich ja nur durch die Werte ihrer nicht-statischen Attribute. Folglich ist es unnötig, jedem Objekt der Klasse eine eigene Kopie der Methode mit auf den Weg zu geben. Eine einzelne zentrale Ausprägung der Methode, ohne jeden Zugriff auf die nicht-statischen Attributwerte der Instanzen, ist völlig ausreichend.

**5.** Was fällt Ihnen am folgenden Quelltextfragment auf?

```
MyString Text = new MyString("Hallo Welt!");
Text.getLength();
```

**Lösung:**

Zunächst fällt ins Auge, dass der Schreiber dieser beiden Zeilen sich nicht an den Java Style Guide (*http://wwws.sun.com/software/sundev/whitepapers/java-style.pdf*) gehalten hat. Der sagt nämlich, dass Klassennamen mit einem Groß- und Variablennamen mit einem Kleinbuchstaben beginnen sollen.

Das ist natürlich keine zwingende Vorschrift, aber eine hilfreiche Regel, an die sich jeder Programmierer halten sollte. Und dieses Beispiel zeigt auch, warum: Wenn man beide Zeilen betrachtet, kann man ablesen, dass `Text` ein Objekt der Klasse `MyString` und `getLength()` somit eine nicht-statische Methode ist. Wenn Sie aber nicht beide Zeilen in Sichtweite hätten, sondern nur die zweite, dann hätten Sie diese Information nicht. Einige Dutzend Zeilen tiefer im Quelltext wäre also zunächst einmal offen, ob `Text` ein Objekt oder eine Klasse ist. Und ob `getLength()` statisch oder nicht-statisch ist. Das stiftet Verwirrung und kostet Zeit, lässt sich aber durch die Einhaltung der Regeln des Style Guides vermeiden.

**6.** Entwickeln Sie eine Klasse mit dem Namen `Kreis`, die lediglich die eine Eigenschaft `radius` und Methoden zur Berechnung von Fläche (p * $r^2$) und Umfang ($\pi$ * 2r) besitzt. Jeweils eine dieser Methoden soll eine Instanz-Methode sein und ihr Ergebnis aus dem tatsδchlichen Radius des `Kreis`-Objekts berechnen. Die andere soll statisch sein und dazu dienen, mithilfe von `Kreis` auch Kreisflächen und -umfänge zu berechnen, ohne vorher ein `Kreis`-Objekt anzulegen.

Der folgende Quelltext zeigt ein Programm, mit dem die neue Klasse nach Fertigstellung zusammenarbeiten soll.

```
public class KreisApp
{
    public static void main(String[] args)
    {
        // Instanz-Methoden testen
        Kreis einKreis = new Kreis(12.5);
        System.out.println("Kreisfläche (1): " + einKreis.flaeche());
        System.out.println("Kreisumfang (1): " + einKreis.umfang());

        // Klassen-Methoden testen
        System.out.println("Kreisfläche (2): " + Kreis.flaeche(12.5));
        System.out.println("Kreisumfang (2): " + Kreis.umfang(12.5));
```

```
    }
}
```

**Lösung:**

```
public class Kreis
{
    protected double radius = 0;

    public Kreis(double radius)
    {
        this.radius = radius;
    }

    public double flaeche()
    {
        return java.lang.Math.PI * radius * radius;
    }

    public double umfang()
    {
        return java.lang.Math.PI * 2 * radius;
    }

    public static double flaeche(double radius)
    {
        return java.lang.Math.PI * radius * radius;
    }

    public static double umfang(double radius)
    {
        return java.lang.Math.PI * 2 * radius;
    }
}
```

**7.** Der folgende Quelltext der Klasse `EineKlasse` lässt sich nicht kompilieren. Versuchen Sie (ohne es auszuprobieren), den Inhalt der Fehlermeldung vorherzusagen und zu begründen. Haben Sie einen Lösungsvorschlag?

```
public class EineKlasse
{
    protected long eineVariable = 10;

    public static void tuWas()
    {
        eineVariable *= 10;
    }
}
```

**Lösung:**

Der Text der Fehlermeldung lautet: `non-static variable eineVariable cannot be referenced from a static context`. Mit „statischem Kontext" ist hier die statische Methode `tuWas()` gemeint, aus der heraus auf eine Membervariable des Objekts `eineVariable` zugegriffen werden soll.

Jetzt entsteht folgendes Problem: Sie führen eine statische Methode aus, die naturgemäß nicht an einem Objekt „hängt", sondern an der Klasse. Es gibt diese Methode genau ein Mal, während es beliebig viele Instanzen der Klasse `EineKlasse` gibt. Und damit gibt es eben auch beliebig viele Ausführungen von `eineVariable` – für jedes Objekt eine. Und jetzt kommt ein Programmierer daher und sagt „tu was mit `eineVariable`!".

Diese Anweisung ist also ungültig, weil Methode und Variable hier nicht zum gleichen Objekt gehören, wie das bei nicht-statischen Klassenelementen der Fall wäre. Die virtuelle Maschine wäre deshalb gar nicht in der Lage, die Anweisung auszuführen. Das stellt der Compiler bereits während der Übersetzung fest und bricht deshalb die Arbeit ab.

Rein syntaktisch gesehen gibt es nur zwei mögliche Lösungen für dieses Problem: Entweder wird `tuWas()`nicht-statisch gemacht oder `eineVariable` statisch. Für die folgende Lösung wurde Letzteres gewählt, weil es bei diesem vollständig sinnbefreiten Beispiel ganz einfach egal ist. Aber im Ernstfall haben Sie ein Problem mit Ihrem Objektdesign (oder dessen Verständnis), wenn dieser Fehler auftaucht! Dann muss genau untersucht werden, welche Elemente denn nun statisch und welche nicht-statisch sein müssen.

```
public class EineKlasse
{
    protected static long eineVariable = 10;

    public static void tuWas()
    {
        eineVariable *= 10;
    }
}
```

# 6.2 Statische Membervariablen

**8.** Erläutern Sie, was eine statische Membervariable (auch Klassenvariable genannt) ist.

**Lösung:**

Eine statische Membervariable ist ein Attribut der Klasse, das nicht an ihre Instanzen weitergegeben wird. Im Gegensatz zu einer Instanzvariablen, von der jedes Objekt einer Klasse eine eigene Kopie hat, existiert eine statische Variable also nur genau ein Mal. Somit wird auf sie auch nicht wie gewohnt über einen Objektnamen zugegriffen, sondern über den Klassennamen.

**9.** Entwickeln Sie eine Klasse `Pizza`, die einen Instanzzähler enthält. Jedes Mal, wenn eine neue Instanz der Klasse erzeugt wird, soll eine Variable hochgezählt und ihr Inhalt auf den Bildschirm ausgegeben werden. Wenn eine Instanz hingegen vom Garbage Collector entfernt wird, soll der Zähler wieder dekrementiert werden.

**Lösung:**

Die folgende Klasse löst die Aufgabe (wie sollte es anders sein) mithilfe einer statischen Variablen:

```
public class Pizza
{
    protected static int pizzaCount = 0;

    public Pizza()
    {
        pizzaCount++;
        System.out.println("Es existieren nun "+pizzaCount+" Pizzen.");
    }

    public void finalize()
    {
        pizzaCount--;
        System.out.println("Es existieren nun "+pizzaCount+" Pizzen.");
    }
}
```

Und mit dem folgenden Programm lässt sich `Pizza` testen. Die Ausgaben auf den Bildschirm erfolgen zwar zu schnell aufeinander, als dass man sie genau verfolgen könnte. Doch nach den 10.000 Schleifendurchläufen können Sie sehen, dass der Instanzzähler zumindest bei den letzten Durchläufen richtig funktioniert hat. Und aus der Tatsache, dass er um einiges niedriger ist als 10.000, kann man schließen, dass auch der Garbage Collector zwischendurch einige Male aktiv geworden ist.

```
public class PizzaCounterApp
{
    public static void main(String[] args)
    {
        for (int i = 0; i < 10000; i++)
        {
            System.out.print((i+1) + ": ");
            Pizza pizza = new Pizza();
        }
    }
}
```

**10.** Eine zu erstellende Klasse `Oberhemd` soll die Attribute `farbe` und `muster` besitzen. Als Farben sind *Rot*, *Grün* und *Blau* vorgesehen, als Muster *unifarben*, *kariert* und *gestreift*. Farbe und Muster sollen innerhalb der Klasse als `byte`-Werte gehandhabt werden, nach außen hin aber durch Variablennamen wie `ROT` und `KARIERT` repräsentiert werden. Die Klasse soll so entworfen werden, dass sie in folgendem Programm eingesetzt werden kann. Implementieren Sie die Klasse `Oberhemd`!

```
public class OberhemdenApp
{
    public static void main(String[] args)
    {
        Oberhemd hemd1 = new Oberhemd(Oberhemd.BLAU, Oberhemd.KARIERT);
        Oberhemd hemd2 = new Oberhemd(Oberhemd.GRUEN, Oberhemd.UNI);
        Oberhemd hemd3 = new Oberhemd(Oberhemd.ROT, Oberhemd.GESTREIFT);

        System.out.println(hemd1);
        System.out.println(hemd2);
        System.out.println(hemd3);
    }
}
```

**Lösung:**

Die Werte für Farbe und Muster sind statische, konstante Membervariablen des Datentyps `byte`. So kann „außen stehender Quelltext" mit einer lesbaren Darstellung der Attributwerte hantieren, während trotzdem die einfacher zu verarbeitenden ganzzahligen Werte verwendet werden.

Auch nicht vergessen werden darf die `toString()`-Methode, um eine Stringrepräsentation ausgeben zu können. Dieser Lösungsvorschlag baut den String mithilfe zweier `switch/case`-Anweisungen zusammen:

```
public class Oberhemd
{
    // Konstanten für die Grundfarbe
    public static final byte BLAU          = 1;
    public static final byte ROT           = 2;
    public static final byte GRUEN         = 3;

    // Konstanten für das Muster
    public static final byte UNI           = 1;
    public static final byte KARIERT       = 2;
    public static final byte GESTREIFT     = 3;

    // Attribute Farbe und Muster
    protected byte farbe;
    protected byte muster;

    public Oberhemd(byte farbe, byte muster)
    {
        this.farbe  = farbe;
        this.muster = muster;
    }
```

```
    public String toString()
    {
        String retString;

        switch (this.farbe)
        {
            case BLAU:
                retString = "blaues, ";
                break;
            case ROT:
                retString = "rotes, ";
                break;
            case GRUEN:
                retString = "grünes, ";
                break;
            default:
                retString = "";
        }

        switch (this.muster)
        {
           case UNI:
                retString += "unifarbendes Oberhemd";
                break;
           case KARIERT:
                retString += "kariertes Oberhemd";
                break;
           case GESTREIFT:
                retString += "gestreiftes Oberhemd";
                break;
           default :
                retString += "Oberhemd";
        }

        return retString;
    }
}
```

**11.** Die in der Lösung zur vorhergehenden Aufgabe gezeigte Klasse `Oberhemd` hat mindestens zwei Schwächen, die ein potenzielles Risiko in der Anwendung darstellen. Mit Risiko ist dabei gemeint, dass verwendender Code die Klasse eventuell fehlerhaft benutzt, diese Fehler aber nicht bemerkt werden. Als Resultat könnte sich das fertige Programm völlig falsch verhalten.
Nennen Sie diese Schwächen und jeweils eine Codezeile, die sie ausnutzt, um einen Fehler in der Benutzung zu begehen. Haben Sie Lösungsvorschläge?

**Lösung:**

Das erste Problem ist, dass ein Aufrufer die beiden Werte in der Parameterliste des Konstruktors vertauschen könnte:

```
Oberhemd hemd = new Oberhemd(Oberhemd.KARIERT, Oberhemd.BLAU);
```

Der Compiler sieht hier kein Problem, denn beide Konstanten sind gültige `byte`-Werte und können somit sowohl als Farbe als auch als Muster verwendet werden. In diesem Fall würde also statt dem erwarteten blaukarierten Hemd ein unifarbenes rotes herauskommen. Dieser Fehler wird erst zur Laufzeit auffallen und muss dann mühselig gesucht werden. Eine Lösung wäre, für Farb- und Muster-Konstanten unterschiedliche Zahlenbereiche zu verwenden, also beispielsweise 1 bis 9 für Farben und 10 bis 19 für Muster. Dann könnte der Konstruktor abfragen, ob der übergebene Wert tatsächlich eine Farbe bzw. ein Muster ist und eventuell einen Fehler erzeugen (Näheres dazu finden Sie in Kapitel 8 „Exceptions“).

Das zweite Problem ließe sich mit dem gleichen Ansatz lösen wie das erste. Es ist in der gezeigten Version von `Oberhemd` nämlich möglich, einen beliebigen `byte`-Wert als Farbe oder Muster zu übergeben, egal ob sich dahinter tatsächlich ein gültiger Wert verbirgt:

```
Oberhemd hemd = new Oberhemd(22, 33);
```

Auch hier würde es helfen, im Konstruktor die erlaubten Wertebereiche abzufragen und bei Überschreitung einen Fehler zu melden. Auch hier sei zum *Wie* wieder auf das Kapitel 8 „Exceptions“ verwiesen, wo `Oberhemd` noch einmal aufgegriffen werden wird.

**12.** In Kapitel 3 „Kontrollstrukturen“ haben Sie bereits an einer Aufgabe gearbeitet, in der die Berechnung der Fakultät einer natürlichen Zahl <= 20 gefragt war. Die Beschränkung auf die obere Grenze 20 resultierte aus der Größe des Zieltyps `long`, der den Wert 21! bereits nicht mehr aufnehmen kann.
Entwickeln Sie jetzt eine Klasse `MathTools`, die eine statische Methode zur Berechnung größerer Fakultäten enthält. Nutzen Sie dazu die Klasse `java.math.BigInteger`. Schreiben Sie auch ein Programm zum Testen der neuen Klasse.

**Lösung:**

Dies ist die Klasse `MathTools`, die auch mit erheblich größeren Fakultäten umgehen kann:

```
import java.math.BigInteger;

public class MathTools
{
    public static BigInteger fakultaet(int n)
    {
        BigInteger fakultaet = BigInteger.valueOf(1);

        for (int i = 0; i < n; i++)
        {
            fakultaet = fakultaet.multiply(BigInteger.valueOf(n-i));
        }

        return fakultaet;
    }
}
```

Und dies ist ein Testprogramm für die neue Klasse – 60! ist schon ein ganz schöner Brecher:

```
import java.math.BigInteger;
```

```
public class MathToolsApp
{
    public static void main(String[] args)
    {
        BigInteger fak60 = MathTools.fakultaet(60);

        System.out.println("60! = " + fak60);
    }
}
```

**1.** Die Klasse `MathTools` aus der vorhergehenden Aufgabe besitzt noch ein gewisses Optimierungspotenzial, das sich mithilfe statischer Klassenelemente wunderbar mobilisieren lässt.
Wenn nämlich die Methode `fakultaet()` öfter benutzt wird, dann werden höchstwahrscheinlich viele Multiplikationen doppelt durchgeführt. Ist 20! beispielsweise schon einmal berechnet worden, so ist 10! bereits als „Abfallprodukt" dabei gewesen. Andersherum haben Sie mit 20! aber auch schon einen Großteil des Weges zu 21! zurückgelegt, denn 21! ist gleich 20! * 21. Man könnte die Leistungsfähigkeit der Methode also steigern, indem man die Ergebnisse vorhergehender Fakultätsberechnungen in einem *Cache* zwischenspeichert und bei Bedarf darauf zurückgreift.

Die Aufgabe:

- Erweitern Sie `MathTools` mithilfe statischer Membervariablen um einen Cache für Fakultätsberechnungen.
- Die alte Methode `fakultaet()` soll unverändert weiterbestehen, während eine neue Methode `cacheFakultaet()` den Cache verwendet.
- Verwenden Sie die in Kapitel 5 „Objektmodellierung" entwickelte Klasse `ZeitMesser`, um in einem Testprogramm den Geschwindigkeitsvorteil bei der Berechnung großer Fakultäten (n > 5000) nachzuweisen.

**Lösung:**

Hier zunächst das Listing der neuen Klasse `MathTools`, die eine `ArrayList` mit `BigInteger`-Objekten als Cache verwendet:

```
import java.math.BigInteger;
import java.util.ArrayList;

public class MathTools
{
    // fakCache nimmt die bisher berechneten Fakultäten auf
    protected static ArrayList fakCache = new ArrayList(1000);

    // maxCache gibt an, welche Fakultäten bisher im Cache liegen
    protected static int       maxCache = 0;

    public static BigInteger cacheFakultaet(int n)
    {
        // Sonderfall: Der Cache ist noch leer. Dann muss 0! vor-
        //             belegt werden mit dem Wert 1 (per Definition).
```

```
        //          Sonst funktioniert die Schleife nicht!
        if (maxCache == 0)
            fakCache.add(BigInteger.valueOf(1));

        // Den Cache bis n auffüllen, soweit das nötig ist. Sollte
        // n bereits im gecachten Bereich liegen, wird die Schleife
        // nie durchlaufen.
        for (int i = maxCache+1; i <= n; i++)
        {
            // den vorher gecachten Wert holen ...
            BigInteger cacheInt = (BigInteger)(fakCache.get(i-1));

            // ... multiplizieren
            BigInteger newInt= cacheInt.multiply(BigInteger.valueOf(i));

            // Cache-Speicher erweitern
            fakCache.add(i, newInt);

            // den neuen Cache-Bereich erweitern
            maxCache++;
        }

        // das Ergebnis aus dem Cache holen und zurückgeben
        return (BigInteger)fakCache.get(n);
    }

    public static BigInteger fakultaet(int n)
    {
        BigInteger fakultaet = BigInteger.valueOf(1);

        for (int i = 0; i < n; i++)
        {
            fakultaet = fakultaet.multiply(BigInteger.valueOf(n-i));
        }
        return fakultaet;
    }
}
```

Und hier ein Testprogramm, das den Leistungsvorteil des Cachings auch bei Verwendung mehrerer `MathTools`-Objekte nachweist. An der Ausgabe des Programms lässt sich direkt ablesen, dass die neue Methode (mit Caching) bei der ersten Berechnung der Fakultät langsamer ist als die alte (ohne Caching). Beim zweiten Durchlauf ist sie allerdings erheblich schneller, denn es findet gar keine Berechnung, sondern nur noch ein Speicherzugriff statt. Und auch beim dritten Test, einer noch größeren Fakultät, macht sich das vorherige Caching der kleineren Fakultät bemerkbar.

```
import java.math.BigInteger;

public class MathToolsApp
{
    public static void main(String[] args)
    {
        // "Stoppuhr" vorbereiten
        ZeitMesser zeitMesser = new ZeitMesser();
```

```
        // 2 Objekte verwenden, um den statischen Charakter des
        // Caches nachzuweisen
        MathTools mTool1 = new MathTools();
        MathTools mTool2 = new MathTools();

        // eine große Fakultät ohne Caching
        zeitMesser.start();
        MathTools.fakultaet(5000);
        zeitMesser.stop();
        System.out.println("5000! ohne Cache " +
                           zeitMesser.getDifferenzInMillis());

        // eine große Fakultät mit Caching (1. Durchlauf)
        zeitMesser.start();
        mTool1.cacheFakultaet(5000);
        zeitMesser.stop();
        System.out.println("5000! mit Cache (1): " +
                           zeitMesser.getDifferenzInMillis());

        // eine große Fakultät mit Caching (2. Durchlauf)
        zeitMesser.start();
        mTool2.cacheFakultaet(5000);
        zeitMesser.stop();
        System.out.println("5000! mit Cache (2): " +
                           zeitMesser.getDifferenzInMillis());

        // eine noch größere Fakultät mit Caching
        zeitMesser.start();
        MathTools.cacheFakultaet(6000);
        zeitMesser.stop();
        System.out.println("6000! mit Cache (3): " +
                           zeitMesser.getDifferenzInMillis());
    }
}
```

# Modul 7

# Vererbung und Pakete

Java ist eine objektorientierte Programmiersprache, und eines der mächtigsten Prinzipien der objektorientierten Methoden ist die *Vererbung*.

Es ist praktisch unmöglich, intelligente Software mithilfe einer objektorientierten Programmiersprache zu entwickeln, wenn man dieses Prinzip nicht verstanden hat und/oder seine praktische Anwendung nicht beherrscht. Deshalb ist diesem Thema ein vollständiges Kapitel gewidmet.

Hier bekommen Sie Gelegenheit, selbst kleine Klassenbäume zu entwickeln und zu nutzen, wie sie beispielsweise Bestandteil des Java-API sind.

**Sie sollten wissen**

- was Vererbung ist
- welche Elemente einer Klasse vererbt werden
- welche Modifikatoren in diesem Zusammenhang wirken
- wie diese wirken
- nach welchen Gesichtspunkten Klassenhierarchien entworfen werden
- wie man Klassenhierarchien zu Paketen zusammenfasst und verteilt
- wie man objektorientierte Strukturen mithilfe einer Notation (z.B. UML) entwirft

**Hinweis**

In diesem Kapitel werden Ihnen einige einfache *UML-Diagramme* begegnen, die Objekte, Klassen oder Klassenhierarchien abbilden. UML (***U**nified **M**odelling **L**anguage*) ist eine speziell für objektorientierte Analyse und Design entworfene Notationsweise, die sich in den letzten Jahren quasi als Standard etabliert hat. Auch die Lösungen werden hier in UML notiert, obwohl es natürlich andere Alternativen gäbe. Einfache, für die Zwecke dieser Übungen ausreichende Diagramme sind selbsterklärend – trotzdem sei es Ihnen ans Herz gelegt, sich mithilfe weiterführender Literatur intensiv mit dem Thema UML auseinander zu setzen.

## 7.1 Ein wenig theoretische Vererbungslehre

**1.** Erläutern Sie mit einigen Sätzen das Prinzip der Vererbung im Kontext der objektorientierten Technologien. Was versteht man darunter?

**Lösung:**

Die *Vererbung* ist eines der wichtigsten Prinzipien der objektorientierten Programmierung. Man versteht darunter, dass von bereits bestehenden Klassen neue abgeleitet werden können, die zunächst die gleichen Eigenschaften und Methoden besitzen wie ihre Vorgänger. Zusätzlich werden sie jedoch noch mit neuen Elementen ausgestattet, die entweder Erweiterungen ihrer „Eltern“ darstellen oder aber alte Elemente ersetzen.

**2.** Was sind Ober- und Unterklassen?

**Lösung:**

Die Oberklasse ist in der Vererbung sozusagen der Vorfahre der Unterklasse. Es ist also die Unterklasse, die alle Eigenschaften und Methoden von der Oberklasse erbt.

**3.** Modellieren Sie eine fiktive Klasse `CDPlayer`, die einige (für einen Software CD-Player sinnvolle) Methoden und Attribute besitzt.

**Lösung:**

Das nebenstehende UML-Diagramm zeigt eine solche Klasse. Sie besitzt einige Methoden zur Steuerung der Wiedergabe einer CD (starten, stoppen, Titel überspringen usw.). Außerdem lässt sich der aktuelle Zustand des Players (spielt, pausiert, stoppt, aktuelle Titelnummer usw.) an den Eigenschaften ablesen.

| **CDPlayer** |
|---|
| status [play, stop, pause]<br>anzahlTitel<br>aktuellerTitel |
| start()<br>stopp()<br>pause()<br>naechster()<br>vorheriger()<br>schubladeOeffnen()<br>schubladSchliessen() |

**4.** Was sind Basis- und Superklassen?

**Lösung:**

Das sind lediglich alternative Begriffe für das Wort Oberklasse.

**5.** Was versteht man unter „Spezialisierung einer Klasse" bzw. „Verallgemeinerung einer Klasse"? Untermauern Sie Ihre Ausführungen mit einem Beispiel.

**Lösung:**

Dahinter steckt die Vorstellung, dass eine Unterklasse eine spezialisierte Version ihrer Oberklasse ist. Sie hat eben die gleichen Fähigkeiten wie die Oberklasse, erweitert sie aber um einige Neuerungen, die sie spezieller machen.

Von der Klasse `Auto` könnte z. B. eine neue Unterklasse abgeleitet werden, die zusätzliche Methoden zur Ansteuerung einer Klimaanlage und zum Auslösen von Airbags besitzt. Außerdem könnte man in zusätzlichen Attributen beschreiben, ob ein Auto eine Anhängerkupplung besitzt, wie viele Achsen es hat und wie viel Gewicht es ziehen darf. Dadurch wird es auch möglich, ganz neue Klassen von Autos abzubilden, wie z.B LKWs, Busse oder Marsmobile. Die so entstehende Klassenhierarchie wird von oben nach unten immer spezieller.

**6.** Welche Oberklasse ist allen Java-Klassen gemeinsam?

**Lösung:**

Die Klasse `Object` des Java-API. Selbst wenn Sie keine Oberklasse für eine selbst definierte Klasse angeben (wie in allen vorhergehenden Lösungen dieses Buches) ist `Object` deren (implizite) Oberklasse.

**7.** Wie viele Oberklassen kann eine Java-Klasse besitzen?

**Lösung:**

Genau eine. Weniger geht nicht, denn wenn die Angabe einer Oberklasse fehlt, wird implizit von `Object` abgeleitet (siehe vorhergehende Aufgabe). Und mehrere Oberklassen wie bei der in C++ möglichen *Mehrfachvererbung* sind in Java nicht erlaubt.

**8.** Was ist eine *abstrakte* Klasse und welche Funktion hat sie? Nennen Sie ein Beispiel.

**Lösung:**

Eine abstrakte Klasse kann nicht instantiiert werden, es gibt also niemals Objekte dieser Klasse. Es ist aber möglich, sie weiter zu spezialisieren (also neue Unterklassen abzuleiten). Dadurch wird es möglich, einen gewissen „Satz" an Attributen und Methoden als Grundlage für andere Klassen zu bilden, der selbst keine verwendbare Klasse darstellt.

So haben beispielsweise in einem Abrechnungssystem die Klassen `Kunde`, `Lieferant` und `Spediteur` viele gemeinsame Attribute und Methoden. Als Beispiele seien nur `name`, `adresse` und `weihnachtsgruesseDrucken()` genannt. Diese Elemente in einer gemeinsamen Basisklasse namens `Person` zusammenzufassen, macht bekanntlich Sinn. Objekte dieser gemeinsamen Basisklasse zu bilden, ist hingegen witzlos, denn sie beschreibt keine vollständigen Objekte, die im System benötigt werden. Sie als abstrakt zu deklarieren, macht diesen Umstand „nachfolgenden Programmierergenerationen" deutlich und vermeidet auch versehentliches Instantiieren.

**9.** Modellieren Sie die fiktiven Klassen `Bus` und `Strassenbahn`, deren gemeinsame Verallgemeinerung die ebenso fiktive Klasse `OeffentlichesVerkehrsmittel` ist. Versehen Sie alle drei Klassen mit einigen in diesem Zusammenhang sinnvollen Attributen und Methoden.

**Lösung:**

In UML dargestellt könnte diese kleine Klassenhierarchie etwa so wie in der nebenstehenden Abbildung gezeigt aussehen.

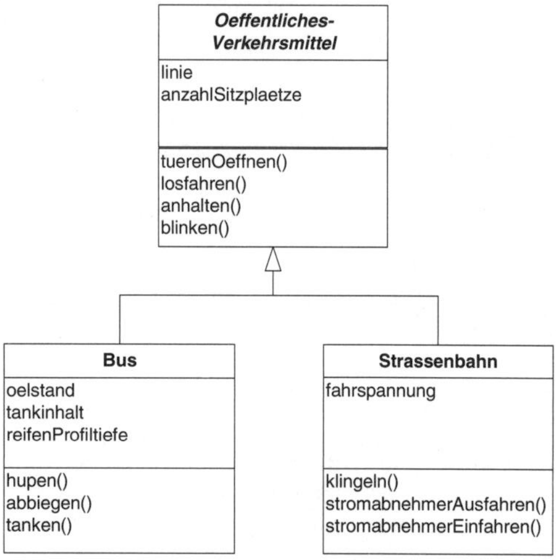


Natürlich werden die von Ihnen gewählten Attribute und Methoden von den gezeigten abweichen. Es kommt aber nicht auf eine genaue Übereinstimmung der Lösungen an, sondern darauf, dass Sie an dieser Stelle die Gemeinsamkeiten und Unterschiede der beiden Klassen erkennen. So kann man an dieser Musterlösung beispielsweise deutlich zwischen dem mit Verbrennungsmotor angetriebenen Bus und der elektrischen Straßenbahn unterscheiden. Gleichzeitig gibt es aber auch Gemeinsamkeiten, die aus der Verwendung des Fahrzeugs im öffentlichen Personennahverkehr resultieren.

Bitte beachten Sie auch, dass die den Klassen `Bus` und `Strassenbahn` gemeinsame Superklasse `OeffentlichesVerkehrsmittel` *abstrakt* ist (gekennzeichnet durch die *kursive* Schreibweise des Klassennamens). Der Grund dafür ist, dass von ihr keine brauchbaren Objekte erzeugt werden können. Allerdings besitzt sie bereits einige Attribute und Methoden, die in beiden Spezialisierungen benötigt werden. `Bus` und `Strassenbahn` ergänzen diese geerbten Elemente dann um weitere, die für die jeweilige Fahrzeugklasse spezifisch sind.

**10.** In der vorhergehenden Aufgabe wurde ein aus drei Klassen bestehender Klassenbaum entworfen. Dabei wurden in der vorgeschlagenen Musterlösung die Methoden `losfahren()` und `anhalten()` der Oberklasse `OeffentlichesVerkehrsmittel` zugeschlagen. Nun muss man aber kein Raketenwissenschaftler sein, um zu erkennen, dass bei dem Bau eines Busses eine andere Technik zum Beschleunigen und Abbremsen implementiert werden muss als bei einer Straßenbahn.
Warum ist diese Sichtweise dennoch korrekt? Wie lösen Sie dieses Problem? Ändern Sie das Diagramm dahingehend ab, dass Ihr Lösungsvorschlag klar daraus hervorgeht.

**Lösung:**

Um ehrlich zu sein, kann man trefflich über die Korrektheit dieses Entwurfs streiten. Softwaredesign ist eben wie das echte Leben: Die Frage nach „richtig" oder „falsch" ist nicht immer eindeutig zu beantworten.

In der Tat ist es nämlich so, dass beide Unterklassen ihre eigene Implementierung der Methoden `losfahren()` und `anhalten()` benötigen. Rein technisch gesehen ist das auch kein Problem, nicht einmal wenn die Superklasse wie in diesem Beispiel bereits eine gleichnamige Methode besitzt. Dazu gibt es nämlich das Konzept des *Überschreibens* (auch *Verfeinerung* genannt), das es ermöglicht, in einer Unterklasse eine geerbte Methode durch eine neue gleichen Namens zu ersetzen. Allerdings sollte man diesen Umstand bereits während des Designs und der Notation festhalten (siehe nebenstehende Abbildung). Das kann man tun, indem die Methode auch bei den überschreibenden Unterklassen notiert wird.

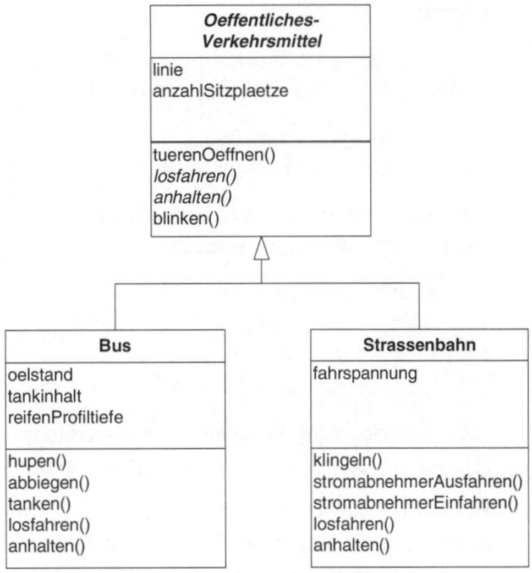


Keine syntaktischen Probleme also, doch was ist mit den OO-Prinzipien? Vertragen sie sich mit diesem Design? Ein Standpunkt, den man zu dieser Frage einnehmen kann, ist, dass die Notation der beiden Methoden in der abstrakten Oberklasse unnötig ist. Eine reale Implementierung ist dort nämlich gar nicht möglich, weil man ja die Details des Antriebs noch gar nicht kennt. Etwas anderes ist das bei `tuerenOeffnen()`, denn man kann in Busse und Bahnen die gleichen Türmechanismen einbauen. Die Methode ist demnach bereits in der Superklasse mit Leben gefüllt, das die Spezialisierungen erben und ggf. ohne Veränderungen verwenden können. Bei `losfahren()` und `anhalten()` ist jedoch schon während der Designphase klar, dass das nicht funktionieren kann.

Der zweite Standpunkt (der hier auch vertreten wird) ist, dass man die Superklasse aus folgenden Gründen trotzdem mit diesen Methoden versehen sollte:

1. Objektorientiertes Design besteht daraus, gemeinsame Eigenschaften und Funktionen in gemeinsamen Superklassen zusammenzufassen. Inwieweit später eine Verfeinerung notwendig wird, ist nicht Bestandteil der Betrachtung.

2. Java ermöglicht es, einzelne Methoden einer Klasse abstrakt zu machen. In der Implementierung von `OeffentlichesVerkehrsmittel` kann demnach `tuerenOeffnen()` eine „normale" Methode sein, während `losfahren()` und `anhalten()` abstrakte Methoden sind. Der Programmierer, der eine Ableitung der abstrakten Klasse implementiert, wird dadurch von Java *gezwungen*, diese Methoden zu überschreiben. Tut er es nicht, wird auch die Unterklasse abstrakt und der Compiler klopft ihm kräftig auf die Finger, sobald er versucht, ein Objekt davon zu erzeugen. So ist eine gewisse Konsistenz mit der Oberklasse gewährleistet: Wer die Schnittstelle von `OeffentlichesVerkehrsmittel` sieht, erkennt sofort, dass alle Unterklassen Methoden zum Beschleunigen und Anhalten haben. Man muss sich nicht einmal Gedanken über die Namen der entsprechenden Methoden machen, da diese bereits durch die Oberklasse für alle Spezialisierungen definiert werden.

**11.** Erläutern Sie im Zusammenhang mit den beiden vorhergehenden Aufgaben den Begriff *Polymorphismus*.

**Lösung:**

Hinter einem Variablennamen kann sich in Java ein Objekt einer beliebigen Klasse verbergen. So könnte man beispielsweise mit den Anweisungen

```
Bus fahrzeug1 = new Bus();
Strassenbahn fahrzeug2 = new Strassenbahn();
```

zwei Objekte unterschiedlicher Klassen erzeugen, die man mit den gleichen Anweisungen losfahren und anhalten lassen kann:

```
fahrzeug1.losfahren();
fahrzeug2.losfahren();
fahrzeug1.anhalten();
fahrzeug2.anhalten();
```

Das jeweilige Objekt „weiß“ selbst, welche `losfahren()`- bzw. `anhalten()`-Methode auszuführen ist, denn dies ist ja durch die Klasse definiert.

Polymorphismus bezeichnet also die Fähigkeit von Objekten, auf die gleichen Anweisungen unterschiedlich zu reagieren. Das gilt sowohl für Objekte unterschiedlicher Klassen (wie in diesem Beispiel) als auch für Objekte gleicher Klassen oder sogar für ein und dasselbe Objekt (Stichwort *Überladung*).

**12.** Betrachten Sie den folgenden Quelltext. Was bedeutet der Modifikator `public` in der ersten Zeile? Von wo aus kann man Objekte dieser Klasse instantiieren?

```
public class EineKlasse
{
   // hier müssen Sie sich eine wahnsinnig komplizierte
   // Klassendefinition hindenken ...
}
```

**Lösung:**

Der Modifikator `public` definiert, dass `EineKlasse` eine öffentliche Klasse ist. Sie darf von jedem beliebigen Java-Programm instantiiert werden.

**Hinweis**

Voraussetzung dafür ist natürlich, dass bei der Kompilierung des jeweiligen Programms der `CLASSPATH` so gesetzt ist, dass der Compiler die *.class*-Datei auch im Dateisystem finden kann. Das kann sowohl über eine Umgebungsvariable (über das Betriebssystem zu definieren) als auch über den entsprechenden Parameter des Compilers geschehen.

**13.** Welche Auswirkung hätte es, den in der vorhergehenden Aufgabe verwendeten Modifikator `public` ersatzlos aus dem Quelltext zu entfernen?

**Lösung:**

`EineKlasse` wäre nicht mehr uneingeschränkt öffentlich. Stattdessen dürften nur noch Klassen desselben Pakets Instanzen davon erzeugen.

**14.** Welche Modifikatoren für Klassen gibt es noch?

**Lösung:**

Die folgende Tabelle listet alle Modifikatoren auf:

| Modifikator | Bedeutung |
|---|---|
| keiner angegeben | Die Klasse ist nur von anderen Klassen aus demselben Paket erreichbar. |
| `abstract` | Die Klasse ist abstrakt, kann also nicht instantiiert werden. Ist mit anderen Modifikatoren kombinierbar. |
| `public` | Die Klasse ist von überall erreichbar (vorausgesetzt, der `CLASSPATH` des Compilers ist richtig gesetzt, sodass sie auch im Dateisystem gefunden wird). |
| `final` | Von der Klasse können keine neuen Unterklassen abgeleitet werden. Ist mit anderen Modifikatoren kombinierbar. |

**15.** Die nebenstehende Abbildung zeigt einige Objekte, wie sie in einem Warenwirtschaftssystem eines Wandfarbenherstellers auftauchen könnten. Klassifizieren Sie diese Objekte, erarbeiten Sie ihre Beziehungen untereinander und stellen Sie Ihr Ergebnis grafisch dar. Beschränken Sie sich dabei auf Ihr Wissen über die Objekte und stellen Sie keine Mutmaßungen über weitere mögliche Eigenschaften oder Methoden an.

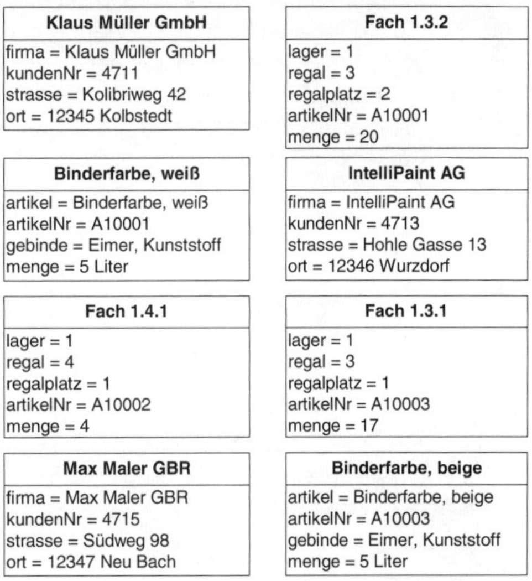

**Lösung:**

Die in der Abbildung gezeigten Objekte lassen sich in drei verschiedene Klassen zusammenfassen.

Zum einen haben wir es anscheinend mit einigen Personen bzw. Unternehmen verschiedener Rechtsformen zu tun. Da alle ein Attribut namens Kundennummer besitzen, liegt der Schluss nahe, dass es sich dabei um Kunden handelt. Die nebenstehende Musterlösung modelliert für sie deshalb die Klasse `Kunde`.

Einige weitere Objekte stellen offensichtlich die Waren dar, die unser Unternehmen an die Kunden verkauft. Es handelt sich dabei um verschiedene Farben. Nennen wir sie `Artikel`.

Und zu guter Letzt gibt es Lagerplätze, an denen jeweils eine bestimmte Menge eines vorrätigen Artikels zu finden ist. Ein solcher `Lagerplatz` wird eindeutig identifiziert durch die Lagernummer, die Regalnummer und schließlich die Nummer des Regalfachs.

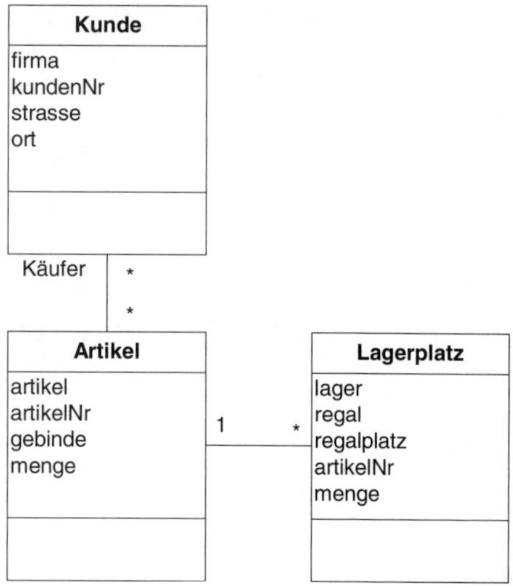


Die Beziehungen zwischen diesen Klassen sind simpel: Beliebig viele Kunden können beliebig viele verschiedene Artikel bestellen. Deshalb ist die Kardinalität zwischen diesen beiden Klasse als **..** angegeben. Bei der Beziehung zwischen `Artikel` und `Lagerplatz` handelt es sich hingegen um eine *1..**-Kardinalität, weil an einem Lagerplatz maximal ein Artikel gleichzeitig liegen kann. Andererseits kann aber ein Artikel auf mehrere Lagerplätze verteilt sein.

**Hinweis**

An der Beziehung zwischen `Kunde` und `Artikel` wurde hier die *Rolle* „Käufer“ für den Kunden angegeben. UML bietet diese Möglichkeit eigentlich für Fälle, in denen Objekte einer Klasse verschiedene Rollen einnehmen können (so kann etwa eine `Firma` zugleich `Kunde` und `Lieferant` sein). In solchen Fällen zeichnet man dann mehrere Verbindungen und gibt die Rollen an. Hier wird diese Darstellung aber gewählt, um die zwar einzige, aber nicht sofort eindeutige Beziehung zwischen `Kunde` und `Artikel` klarer zu machen: Der Kunde ist Käufer des Artikels.

## 7.2 Vererbung praktisch

**16.** Betrachten Sie den folgenden Quelltext. Warum lässt er sich nicht kompilieren? Wie viele Fehler entdecken Sie? Korrigieren Sie das Programm und testen Sie es.

```
public class EineTestKlasse
{
    public static void main(String[] args)
    {
        FragwuerdigeKlasse einObjekt = new FragwuerdigeKlasse();

        einObjekt.methodeEins();
    }
}

class FragwuerdigeKlasse
{
    public void methodeEins()
    {
        System.out.println("Ich bin Methode 1.");
    }

    public abstract void methodeZwei();
}
```

**Lösung:**

Der Quelltext enthält zwei wesentliche Fehler, wobei der eine syntaktischer und der andere prinzipieller Natur ist.

Syntaktisch falsch ist es, eine abstrakte Methode in einer nicht-abstrakten Klasse zu deklarieren. Genau dies geschieht aber hier: `methodeZwei()` der Klasse `FragwuerdigeKlasse` ist mit dem Modifikator `abstract` deklariert und enthält (wie sich das für eine abstrakte Methode gehört) auch keinen Methodenrumpf. Wenn aber eine Klasse eine abstrakte Methode enthält, so muss sie selbst auch abstrakt sein. Demnach fehlt hier das Schlüsselwort `abstract` in der Klassendeklaration.

Das prinzipielle Problem ist, dass versucht wird, eine Klasse mit einer abstrakten Methode (die deshalb selbst abstrakt ist) zu instantiieren. Das ist per Definition natürlich nicht möglich und führt bereits beim Versuch des Kompilierens zu einer Fehlermeldung.

Die Aufgabe, das Programm zu korrigieren und dann zu testen, war zugegebenermaßen etwas fies, denn sie lässt mehrere Lösungen zu. Keine davon ist allgemein „richtig" oder „falsch". Es kommt vielmehr auf die Zielsetzung an:

- Wenn `methodeZwei()` tatsächlich abstrakt sein soll, muss eine weitere Klasse von `FragwuerdigeKlasse` abgeleitet werden. Die kann dann instantiiert werden.
- Wenn `FragwuerdigeKlasse` direkt instantiiert werden soll, muss `methodeZwei()` implementiert werden. Diese Lösung wurde für den folgenden Quelltext vorgezogen.

```
public class EineTestKlasse
{
    public static void main(String[] args)
    {
        FragwuerdigeKlasse einObjekt = new FragwuerdigeKlasse();

        einObjekt.methodeEins();
        einObjekt.methodeZwei();
    }
}

class FragwuerdigeKlasse
```

```
{
    public void methodeEins() {

        System.out.println("Ich bin Methode 1.");
    }

    public void methodeZwei()
    {
        System.out.println("Ich bin Methode 2.");
    }
}
```

**17.** Im Abschnitt „Ein wenig theoretische Vererbungslehre" weiter oben in diesem Kapitel wird in der Lösung zu Aufgabe 10 ein UML-Diagramm gezeigt, das eine einfache Klassenhierarchie modelliert. Implementieren Sie das dort gezeigte Klassendesign, wobei die jeweiligen Methoden nur kurze Textausgaben auf die Konsolen schreiben sollen. Generell gilt für diese Aufgabe: Es geht nicht darum, praktisch einsetzbare Klassen zu schreiben, sondern das Diagramm korrekt zu interpretieren und die Java-Syntax richtig anzuwenden.
Ergänzen Sie die Klassen dabei um notwendige, im UML-Diagramm aber nicht gezeigte Methoden – wie die `getXyz()`- und `setXyz()`-Methoden für die Attribute – sowie passende Konstruktoren.

**Lösung:**

Zuerst sollte die abstrakte Oberklasse implementiert und in einer Datei namens *OeffentlichesVerkehrsmittel.java* abgespeichert werden:

```
public abstract class OeffentlichesVerkehrsmittel
{
    protected int   linie = 0;
    protected int   anzahlSitzplaetze = 0;

    public int getLinie()
    {
        return (this.linie);
    }

    public void setLinie(int linie)
    {
        this.linie = linie;
    }

    public int getAnzahlSitzplaetze()
    {
        return (this.anzahlSitzplaetze);
    }

    public void setAnzahlSitzplaetze(int anzahlSitzplaetze)
    {
        this.anzahlSitzplaetze = anzahlSitzplaetze;
    }
```

```
    public void tuerenOeffnen()
    {
        System.out.println("Die Türen werden geöffnet.");
    }

    public void blinken()
    {
        System.out.println("Es wird geblinkt.");
    }

    public abstract void losfahren();

    public abstract void anhalten();
}
```

Anschließend kann man sich um die beiden Spezialisierungen kümmern, die in den Dateien *Strassenbahn.java* und *Bus.java* gespeichert werden:

```
public class Strassenbahn extends OeffentlichesVerkehrsmittel
{
    public Strassenbahn(int linie, int plaetze)
    {
        this.setLinie(linie);
        this.setAnzahlSitzplaetze(plaetze);
    }

    public void losfahren()
    {
        String text = "Eine Bahn der Linie " + this.getLinie() +
                      " fährt los.";
        System.out.println(text);
    }

    public void anhalten()
    {
        String text = "Eine Bahn der Linie " + this.getLinie() +
                      " hält an.";
        System.out.println(text);
    }
}
public class Bus extends OeffentlichesVerkehrsmittel
{
    public Bus(int linie, int plaetze)
    {
        this.setLinie(linie);
        this.setAnzahlSitzplaetze(plaetze);
    }

    public void losfahren()
    {
        String text = "Ein Bus der Linie " + this.getLinie() +
                      " fährt los.";
        System.out.println(text);
```

```
    }

    public void anhalten()
    {
        String text = "Ein Bus der Linie " + this.getLinie() +
                      " hält an.";
        System.out.println(text);
    }
}
```

**18.** Schreiben Sie die Klasse `Verkehrsbetrieb`, die die in der vorhergehenden Aufgabe entwickelte Klassenhierarchie nutzt. Instantiieren Sie einfach einige Busse und Bahnen und experimentieren Sie damit.

**Lösung:**

Das folgende Programm erzeugt einige Instanzen der neuen Klassen und ruft deren Methoden auf. An diesem Beispiel lässt sich gut nachvollziehen, dass für den Aufrufer kein Unterschied zwischen geerbten und selbst implementierten Methoden einer Klasse besteht.

```
public class Verkehrsbetrieb
{
    public static void main(String[] args)
    {
        // ein paar Verkehrsmittel erzeugen ...
        Bus bus42          = new Bus(42, 68);
        Bus bus99          = new Bus(99, 68);
        Strassenbahn bahn1 = new Strassenbahn(1, 80);

        // ... und losfahren ...
        bus42.losfahren();
        bus99.losfahren();
        bahn1.losfahren();

        // Türen auf und blinken
        bus42.blinken();
        bus99.tuerenOeffnen();
        bahn1.blinken();

        // ... wieder anhalten
        bus42.anhalten();
        bus99.anhalten();
        bahn1.anhalten();
    }
}
```

**19.** Der nachstehende Quelltext wird in der Datei *KonstruktorFrage.java* abgespeichert, kompiliert und ausgeführt. Welche Bildschirmausgabe erzeugt er? Versuchen Sie zunächst, die Antwort ohne Ausprobieren des Programms zu finden! Interpretieren Sie das Ergebnis und begründen Sie, warum es so und nicht anders ausfallen muss.

```
public class KonstruktorFrage
{
    public static void main(String[] args)
    {
        KlasseC cObjekt = new KlasseC();
    }
}

class KlasseA
{
    public KlasseA()
    {
        System.out.println("Ich bin der Konstruktor von KlasseA");
    }
}

class KlasseB extends KlasseA
{
    public KlasseB()
    {
        System.out.println("Ich bin der Konstruktor von KlasseB");
    }
}

class KlasseC extends KlasseB
{
    public KlasseC()
    {
        System.out.println("Ich bin der Konstruktor von KlasseC");
    }
}
```

**Lösung:**

Das Programm erzeugt die Bildschirmausgabe

```
Ich bin der Konstruktor von KlasseA
Ich bin der Konstruktor von KlasseB
Ich bin der Konstruktor von KlasseC.
```

Diese Erkenntnis zeigt, das bei der Instantiierung einer Klasse offensichtlich nicht nur der aufgerufene Konstruktor der Klasse selbst ausgeführt wird, sondern auch die Standard-Konstruktoren aller in der Vererbungshierarchie darüber stehenden Klassen. Dabei wird als Ausführungsreihenfolge die Richtung der Spezialisierung herangezogen, also von der allgemeinsten Klasse (hier `KlasseA`) zur spezialisiertesten (hier `KlasseC`).

Auch ohne praktischen Versuch vorhersagbar war dieses Ergebnis, weil man sich mit jeder anderen Vorgehensweise jede Menge Probleme schaffen würde. Die entsprechende Argumentation ist einfach: KlasseC besitzt alle Attribute und Methoden, die auch KlasseB besitzt. KlasseB ist somit eine Teilmenge von KlasseC, wobei KlasseC auf alle Attribute und Methoden dieser Teilmenge zugreifen kann. Wenn nun aber der Konstruktor von KlasseC beispielsweise ein von KlasseB geerbtes Attribut benutzen soll, so muss sichergestellt sein, dass dieses korrekt initialisiert worden ist. Das ist wiederum Aufgabe des Konstruktors von KlasseB, weshalb er zuvor aufgerufen werden muss. Für KlasseB und KlasseA gilt die gleiche Argumentation, weshalb man auf die Reihenfolge A, B, C kommt.

**20.** Eine ganz ähnliche Frage wie zu den Konstruktoren in der vorhergehenden Aufgabe stellt sich auch zu den Finalizern in einer Klassenhierarchie. Das folgende Programm ruft den Finalizer einer Klasse explizit auf, um nicht auf den Garbage Collector warten zu müssen. Das dadurch erzeugt Verhalten entspricht aber genau dem, das auch bei einem Aufruf durch den Garbage Collector zu erwarten ist. Welche Ausgabe erzeugt das Programm auf dem Bildschirm?

```
public class FinalizerFrage
{
    public static void main(String[] args)
    {
        KlasseC cObjekt = new KlasseC();
        cObjekt.finalize();
    }
}

class KlasseA
{
    public void finalize()
    {
        System.out.println("Ich bin der Finalizer von KlasseA");
    }
}

class KlasseB extends KlasseA
{
    public void finalize()
    {
        System.out.println("Ich bin der Finalizer von KlasseB");
    }
}

class KlasseC extends KlasseB
{
    public void finalize()
    {
        System.out.println("Ich bin der Finalizer von KlasseC");
    }
}
```

**Lösung:**

Das Programm gibt nur eine Zeile aus, nämlich

```
Ich bin der Finalizer von KlasseC.
```

Eigentlich hätte man ja erwarten können, dass die Finalizer der Klassen in umgekehrter Richtung (also von der Spezialisierung zur Verallgemeinerung) aufgerufen würden. Die Sprachdesigner von Sun haben das allerdings anders gesehen und darauf verzichtet, das zu automatisieren. Falls man eine solche Funktionalität jedoch benötigt, kann man sie leicht selbst implementieren (siehe nächste Aufgabe).

**21.** Schreiben Sie das Programm `FinalizerFrage` aus der vorhergehenden Aufgabe so um, dass beim „Finalizen" von `KlasseC` automatisch auch die `finalize()`-Methoden der beiden darüber stehenden Klassen ausgeführt werden.

**Lösung:**

Der Aufruf der `finalize()`-Methode der Oberklasse kann genauso erfolgen wie bei jeder anderen Methode der Oberklasse: über das Schlüsselwort `super`. Dieses verweist nämlich innerhalb eines Objekts explizit auf alle Elemente, die von der Oberklasse geerbt wurden. So kann man dann auch auf die eigentlich überschriebene `finalize()`-Methode dieser Klasse zurückgreifen:

```
public class FinalizerFrage
{
    public static void main(String[] args)
    {
        KlasseC cObjekt = new KlasseC();
        cObjekt.finalize();
    }
}

class KlasseA
{
    public void finalize()
    {
        System.out.println("Ich bin der Finalizer von KlasseA");
    }
}

class KlasseB extends KlasseA
{
    public void finalize()
    {
        System.out.println("Ich bin der Finalizer von KlasseB");
        super.finalize();
    }
}

class KlasseC extends KlasseB
{
    public void finalize()
    {
```

```
        System.out.println("Ich bin der Finalizer von KlasseC");
        super.finalize();
    }
}
```

**22.** Das folgende Diagramm zeigt eine stark vereinfachte Klassenhierarchie, wie es sie für eine Applikation im Bankensektor geben könnte. Es gibt dort verschiedene Kontenarten, die einige gleiche Attribute und Methoden haben, sich aber in anderen Dingen unterscheiden. Ihre Aufgabe ist, dieses Modell zu implementieren und anschließend mithilfe einer kleinen Applikation zu testen. Beachten Sie dabei die folgenden Anforderungen:

- Das Guthaben (Saldo) des Girokontos darf im Rahmen des Dispokredits negativ werden.
- Das Guthaben des Sparkontos darf 0,- Euro nicht unterschreiten.
- Die Zinsberechnung des Sparkontos soll erheblich vereinfacht werden und die Zinsen für ein ganzes Jahr anhand des aktuellen Saldos berechnen.
- Ziehen Sie bei Überweisungen und Abhebungen die jeweilige Summe vom Saldo ab und geben Sie eine entsprechende Meldung aus. Falls eine Transaktion aufgrund des Kontostands nicht möglich ist, soll auch dies ausgegeben werden. Mehr soll nicht geschehen.

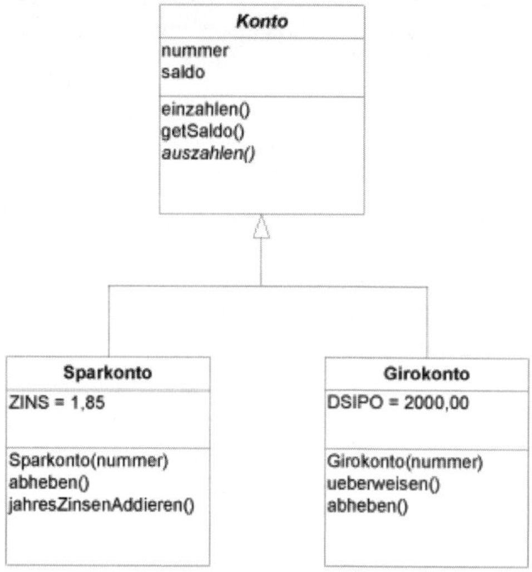


**Lösung:**

Zunächst die Oberklasse `Konto`, die eine abstrakte Methode enthält:

```
public abstract class Konto
{
    protected long   nummer;
    protected double saldo = 0;

    public void einzahlen(double summe)
    {
        if (summe >= 0)
        {
            saldo += summe;
        }
    }

    public abstract void abheben(double summe);

    public double getSaldo()
    {
```

```
        return (this.saldo);
    }
}
```

Davon abgeleitet ist die Klasse `Sparkonto`, die eine eigene Version der `abheben()`-Methode implementiert. Sie stellt sicher, dass beim Abheben der minimale Saldo von 0,- Euro nicht unterschritten wird. Der Zinssatz ist als Konstante vorgesehen und `jahresZinsenAddieren()` wie verlangt sehr einfach gehalten.

```
public class Sparkonto extends Konto
{
    protected final double ZINS = 1.85;

    public Sparkonto(long nummer)
    {
        this.nummer = nummer;
    }

    public void abheben(double summe)
    {
        if (summe <= saldo)
        {
            // Bonität reicht für diese Abhebung aus
            saldo -= summe;
            System.out.println("(Spar) Geld abgehoben");
        } else
        {
            // Bonität reicht nicht aus
            System.out.println("(Spar) Sorry, gibt nichts ... :-(");
        }
    }

    public void jahresZinsenAddieren()
    {
        saldo *= 1 + ZINS / 100;
        System.out.println("Jahreszinsen aufgeschlagen");
    }
}
```

Eine weitere Spezialisierung von `Konto` ist `Girokonto`, die ebenfalls `abheben()` implementiert. Diesmal ist allerdings das Ausschöpfen eines Dispokredits möglich, der als Konstante vorgesehen ist. Dazu kommt die Methode `ueberweisen()`, die sich nicht großartig von `abheben()` unterscheidet.

```
public class Girokonto extends Konto
{
    protected final double DISPO = 2000.00;

    public Girokonto(long nummer)
    {
        this.nummer = nummer;
    }

    public void ueberweisen(double summe, long kontoNummer)
    {
        if (summe <= (saldo + DISPO))
        {
            // Bonität reicht für diese Überweisung aus
            saldo -= summe;
```

```
                System.out.println("(Giro) Überweisung getätigt");
            } else
            {
                // Bonität reicht nicht aus
                System.out.println("(Giro) Sorry, gibt nichts ... :-(");
            }
        }

        public void abheben(double summe)
        {
            if (summe <= (saldo + DISPO))
            {
                // Bonität reicht für diese Abhebung aus
                saldo -= summe;
                System.out.println("(Giro) Geld abgehoben");
            } else
            {
                // Bonität reicht nicht aus
                System.out.println("(Giro) Sorry, gibt nichts ... :-(");
            }
        }
    }
```

Und zu guter Letzt sollen die Klassen natürlich auch getestet werden. Dazu kann man auch hier wie üblich eine einfache Applikation wie die folgende verwenden. Hier wurden extra zwei Methoden geschrieben, um die Operationen `kontostandAusgeben()` und `geldAbheben()` zu realisieren.

So kann man erkennen, dass es bei einem Übergabeparameter möglich ist, statt dem tatsächlichen Typ eines Objekts auch eine seiner Oberklassen zu verwenden. So können sowohl Spar- als auch Girokonten in die Methode hineingegeben werden. Dank Polymorphismus muss man sich dabei nicht einmal darum sorgen, ob denn in der Funktion nun auch die richtige `abheben()`-Methode des jeweiligen Objekts aufgerufen wird. Wie dieses Beispiel sehr schön zeigt, bekommt Java das ganz gut hin.

```
public class BankApp
{
    public static void main(String[] args)
    {
        // ein paar Experimente mit einem Girokonto
        // ----------------------------------------
        // Konto anlegen
        Girokonto girokonto = new Girokonto(111111);

        // Geld einzahlen
        girokonto.einzahlen(1346.99);
        kontostandAusgeben(girokonto);

        // erfolgreich Geld abheben
        geldAbheben(2000, girokonto);
        kontostandAusgeben(girokonto);

        // vergeblicher Überweisungsversuch
        girokonto.ueberweisen(5000, 222222);
        kontostandAusgeben(girokonto);

        System.out.println("\n\n\n\n");
```

```
        // ein paar Experimente mit einem Sparkonto
        // ---------------------------------------
        // Konto anlegen
        Sparkonto sparkonto = new Sparkonto(111111);

        // Geld einzahlen
        sparkonto.einzahlen(2346.88);
        kontostandAusgeben(sparkonto);

        // erfolgreich Geld abheben
        geldAbheben(2000, sparkonto);
        kontostandAusgeben(sparkonto);

        // Zins-Tag!
        sparkonto.jahresZinsenAddieren();
        kontostandAusgeben(sparkonto);
    }

    protected static void kontostandAusgeben(Konto konto)
    {
        // Einen aktuellen Kontostand ausgeben.
        System.out.println("Kontostand: " + konto.getSaldo() + "\n");
    }

    protected static void geldAbheben(double summe, Konto konto)
    {
        // Geld von einem Konto abheben.
        // Beachtenswert: Diese Methode funktioniert mit Giro-
        //                UND Sparkonten!
        konto.abheben(summe);
    }
}
```

## 7.3 Interfaces

**23.** Das folgende Programm erzeugt ein Array von drei `Quadrat`-Objekten, das anschließend sortiert werden soll. Vom Ansatz her ist es zwar schon ganz gut und lässt sich auch kompilieren, bei der Ausführung erzeugt es aber noch einen Fehler.
Der Grund dafür ist, dass `Arrays.sort()` zum Sortieren der Objekte eine Möglichkeit braucht, sie miteinander zu vergleichen. Wenn zwei Objekte nebeneinander liegen, muss man also über einen Methodenaufruf herausbekommen können, welches in der fertig sortierten Liste vorne stehen soll. Das ist erreicht, wenn `Quadrat` das Interface `Comparable` korrekt implementiert.
Korrigieren Sie das Programm, indem Sie `Quadrat` verändern. Das Hauptprogramm soll unverändert bleiben!

```
import java.util.Arrays;

public class QuadratSortApp
{
    public static void main(String[] args)
    {
        Quadrat[] einArray = {  new Quadrat(23),
                                new Quadrat(12),
                                new Quadrat(10)
                             };

        // sortieren
        Arrays.sort(einArray);

        // ausgeben
        for (int i = 0; i < einArray.length; i++)
        {
            System.out.println(einArray[i]);
        }
    }
}

class Quadrat
{
    protected int seitenlaenge = 0;

    public Quadrat(int seitenlaenge)
    {
        this.seitenlaenge = seitenlaenge;
    }

    public String toString()
    {
        return "Quadrat mit Fläche " + seitenlaenge * seitenlaenge;
    }
}
```

**Lösung:**

```
import java.util.Arrays;

public class QuadratSortApp
{
    public static void main(String[] args)
    {
        Quadrat[] einArray = {  new Quadrat(23),
                                new Quadrat(12),
                                new Quadrat(10)
                             };

        // sortieren
        Arrays.sort(einArray);

        // ausgeben
```

```
        for (int i = 0; i < einArray.length; i++)
        {
            System.out.println(einArray[i]);
        }
    }
}

class Quadrat implements Comparable
{
    protected int seitenlaenge = 0;

    public Quadrat(int seitenlaenge)
    {
        this.seitenlaenge = seitenlaenge;
    }

    public String toString()
    {
        return "Quadrat mit Fläche " + seitenlaenge * seitenlaenge;
    }

    public int compareTo(Object o)
    {
        Quadrat other = (Quadrat)o;
        return this.seitenlaenge - other.seitenlaenge;
    }
}
```

**24.** Entwickeln Sie das Programm `QuadratCloneApp`, in dem ähnlich wie in der vorhergehenden Aufgabe gezeigt eine Klasse `Quadrat` implementiert werden soll. `Quadrat` soll diesmal aber nicht sortiert, sondern geklont werden können (auch ohne breiten gesellschaftlichen Konsens). Dafür zuständig ist das Interface `Cloneable`. Die Applikation selbst soll zwei Quadrate anlegen: ein Original und eine Kopie davon. Zeigen Sie anschließend, dass die beiden Quadrate zwar gleich, aber nicht identisch sind. Nur wenn das der Fall ist, liegt tatsächlich eine echte Kopie vor!

**Lösung:**

```
public class QuadratCloneApp
{
    public static void main(String[] args)
    {
        // ein Quadrat erzeugen und kopieren
        Quadrat original = new Quadrat(99);
        Quadrat kopie    = (Quadrat)original.clone();

        // Original und Kopie ausgeben
        System.out.println("Original: " + original);
        System.out.println("Kopie   : " + kopie);

        // sind die beiden gleich?
```

```
        if (original.equals(kopie))
        {
            System.out.println("Die Quadrate sind gleich.");
        } else
        {
            System.out.println("Die Quadrate sind ungleich.");
        }

        // sind sie vielleicht sogar identisch?
        if (original == kopie)
        {
            System.out.println("Die Quadrate sind identisch.");
        } else
        {
            System.out.println("Die Quadrate sind nicht identisch.");
        }
    }
}

class Quadrat implements Cloneable
{
    protected int seitenlaenge = 0;

    public Quadrat(int seitenlaenge)
    {
        this.seitenlaenge = seitenlaenge;
    }

    public String toString()
    {
        return "Quadrat mit Fläche " + seitenlaenge * seitenlaenge;
    }

    public Object clone()
    {
        Quadrat kopie = new Quadrat(seitenlaenge);
        return kopie;
    }

    public boolean equals(Quadrat q)
    {
        return (q.seitenlaenge == this.seitenlaenge);
    }
}
```

**25.** Schreiben Sie eine Klasse `Rechteck`, die das unten gezeigte Interface `Figur` implementiert.

```
public interface Figur
{
    public int getUmfang();
}
```

Die neue Klasse soll in diesem Programm verwendet werden können:

```
public class RechteckApp1
{
    public static void main(String[] args)
    {
        Figur figur = new Rechteck(10, 15);
        gibUmfangAus(figur);
    }

    public static void gibUmfangAus(Figur figur)
    {
        System.out.println("Umfang: "+figur.getUmfang());
    }
}
```

**Lösung:**

```
class Rechteck implements Figur
{
    private int breite;
    private int hoehe;

    public Rechteck(int breite, int hoehe)
    {
        this.breite = breite;
        this.hoehe  = hoehe;
    }

    public int getUmfang()
    {
        int umfang;
        umfang = this.hoehe*2 + this.breite*2;

        return umfang;
    }
}
```

**26.** Schreiben Sie eine neue Klasse `Quadrat`, die von der Klasse `Rechteck` der vorhergehenden Aufgabe abgeleitet ist. Entwickeln Sie auch ein Programm namens `RechteckApp2`, das jeweils ein Objekt der Klassen `Rechteck` und `Quadrat` erzeugt und deren Umfänge ausgibt.

**Lösung:**

Die neue Klasse `Quadrat` ist sehr simpel, da auch ein softwaremäßig abgebildetes Quadrat wie in der Geometrie nur ein Sonderfall des Rechtecks ist. Ein Quadrat ist ein Rechteck, in dem alle Seiten gleich lang sind. Deshalb reicht es aus, dem Konstruktor eine Seitenlänge zu übergeben. Der ruft dann den Konstruktor der Superklasse auf, dem er den gleichen Wert zweimal übergibt. Alle anderen Rechteck-Funktionen bleiben vom „Sonderfall Quadrat" unberührt.

```
class Quadrat extends Rechteck
{
```

```
    public Quadrat(int seitenlaenge)
    {
        super(seitenlaenge, seitenlaenge);
    }
}
```

Das Testprogramm ähnelt stark dem in der vorherigen Aufgabe gezeigten:

```
public class RechteckApp2
{
    public static void main(String[] args)
    {
        Figur figur1 = new Rechteck(10, 15);
        Figur figur2 = new Quadrat(12);

        gibUmfangAus(figur1);
        gibUmfangAus(figur2);
    }

    public static void gibUmfangAus(Figur figur)
    {
        System.out.println("Umfang: " + figur.getUmfang());
    }
}
```

**27.** Erweitern Sie die aus den vorhergehenden Aufgaben bekannten Klassen `Rechteck` und `Quadrat` sowie das zugehörige Interface `Figur` um eine Methode `getFigurTyp()`, die den Typ der Figur zurückgibt (also entweder „Rechteck“ oder „Quadrat“). Schreiben Sie das Testprogramm so um, dass in `gibUmfangAus()` neben dem Umfang auch der Typ ausgegeben wird.

**Lösung:**

Zunächst sollten Sie das Interface um die neue Methode erweitern:

```
public interface Figur
{
    public int    getUmfang();
    public String getFigurTyp();
}
```

Anschließend können Rechteck und Quadrat aktualisiert werden:

```
class Rechteck implements Figur
{
    private int breite;
    private int hoehe;

    public Rechteck(int breite, int hoehe)
    {
        this.breite = breite;
        this.hoehe  = hoehe;
    }
```

```
    public int getUmfang()
    {
        int umfang;
        umfang = this.hoehe*2 + this.breite*2;

        return umfang;
    }

    public String getFigurTyp()
    {
      return "Rechteck";
    }
}
class Quadrat extends Rechteck
{
    public Quadrat(int seitenlaenge)
    {
        super(seitenlaenge, seitenlaenge );
    }

    public String getFigurTyp()
    {
      return "Quadrat";
    }
}
```

Zu guter Letzt können Sie alles mit einem Programm testen:

```
public class RechteckApp3
{
    public static void main(String[] args)
    {
        Figur figur1 = new Rechteck(10, 15);
        Figur figur2 = new Quadrat(12);

        gibUmfangAus(figur1);
        gibUmfangAus(figur2);
    }

    public static void gibUmfangAus(Figur figur)
    {
        System.out.println("Umfang von "+figur.getFigurTyp()+": "
                                    + figur.getUmfang());
    }
}
```

**28.** Das unten stehende Interface lässt sich nicht kompilieren, weil eine der Methoden als `private` deklariert ist. Erläutern Sie, warum es keinen Sinn macht, eine Methode in einem Interface als privat zu deklarieren. Das ist zugleich die Erklärung dafür, dass der Compiler hier die Arbeit verweigert.

```
interface Figur
{
   public  int  getUmfang();
   private void setUmfang();
}
```

**Lösung:**

Interfaces beschreiben bestimmte Funktionalitäten, die andere Klassen eventuell zur Verfügung stellen möchten. Die Betonung liegt dabei auf „beschreiben", denn Interfaces enthalten selbst keine Implementierung. Sie definieren lediglich, welche Implementierung eine Klasse beinhalten muss, um dem Interface genüge zu tun. So beschreibt `Figur` beispielsweise, welche Methoden eine geometrische Figur wie ein `Quadrat` oder `Rechteck` nach außen hin zur Verfügung stellen sollte.

Wenn die Idee hinter Interfaces aber ist, das Verhalten von Objekten einer Klasse gegenüber ihrer Umwelt zu beschreiben, so interessieren an dieser Stelle nur öffentlich zugängliche Methoden. Private Methoden, die nach der Implementierung nicht von außen zugänglich sind, gehören im Gegensatz dazu zu den internen Angelegenheiten einer Klasse.

Zusammenfassend lässt sich also sagen: Ein implementiertes Interface beschreibt einen Teil der öffentlich zugänglichen Funktionalität einer Klasse. Demnach macht es keinen Sinn, einen Teil dieser Schnittstelle vor der Öffentlichkeit zu verbergen.

**29.** Einige objektorientierte Programmiersprachen (wie beispielsweise C++) bieten die Möglichkeit der *Mehrfachvererbung*. Dabei erbt eine spezialisierte Klasse alle Elemente von mehreren übergeordneten Klassen. Als Beispiel sei hier nur eine Klasse `Amphibienfahrzeug` genannt, die gleichzeitig von `Wasserfahrzeug` und `Radfahrzeug` abgeleitet ist und somit zugleich die Attribute und Methoden von Schiffen und Autos besitzt.
Java kennt dieses Feature nicht, weil man beim Sprachentwurf in der Mehrfachvererbung mehr potenzielle Probleme als sinnvolle Möglichkeiten für die Programmierer gesehen hat. Versuchen Sie, ein mögliches Problem zu identifizieren und zu beschreiben.

**Lösung:**

Das wohl gewichtigste Problem ist die Möglichkeit, dass beide Oberklassen gleichnamige Elemente enthalten. Da die beiden Klassen unabhängig voneinander sind, können die Implementierungen völlig unterschiedlich sein.

Das nebenstehende UML-Diagramm zeigt beispielsweise zwei Oberklassen, die jeweils die Methode `tuWas()` enthalten.

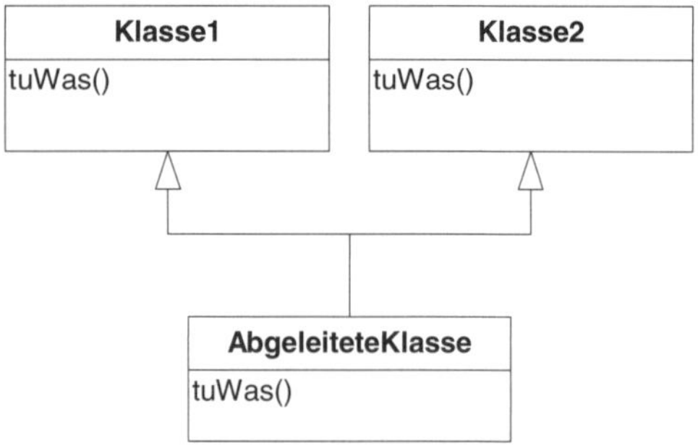

Nun stellt sich die Frage, welche dieser beiden Methoden ausgeführt werden soll, wenn `tuWas()` der abgeleiteten Klasse aufgerufen wird. Vor ein solches Problem kann ein Java-Programmierer nicht gestellt werden.

**30.** In der vorhergehenden Aufgabe wurde auf die in manchen Programmiersprachen mögliche Mehrfachvererbung und ein damit möglicherweise verbundenes Problem eingegangen. Erläutern Sie, warum dieses Problem nicht auftaucht, wenn eine Klasse mehrere Interfaces gleichzeitig implementiert (siehe nebenstehendes UML-Diagramm).

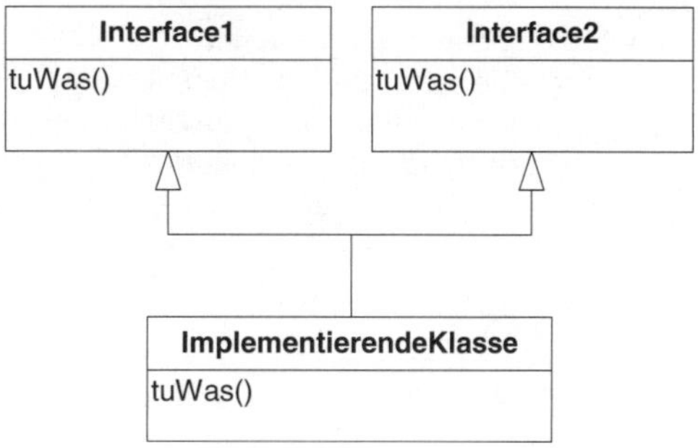


**Lösung:**

Wenn zwei oder noch mehr implementierte Interfaces eine gleichnamige Methode definieren, so ist das kein Problem. Das Interface enthält nämlich keinerlei Implementierung, sondern überlässt diese den implementierenden Klassen. Somit muss die im Diagramm gezeigte Klasse `ImplementierendeKlasse` die Methode `tuWas()` enthalten, die auch die einzig aufrufbare ist. Es gibt in diesem Fall keine unterschiedlichen, konkurrierenden Implementierungen einzelner Methoden. Stattdessen bleibt es stets der implementierenden Klasse überlassen, die Funktionalität zu bestimmen.

**31.** Formulieren Sie die Klassendefinition der in der vorhergehenden Aufgabe gezeigten Klasse `ImplementierendeKlasse`.

**Lösung:**

```
public class ImplementierendeKlasse implements Interface1, Interface2
{
    public void methode()
    {
    }
}
```

# 7.4 Pakete

**32.** Sie finden das Programm `HelloWorldApp` in einem Verzeichnis *uebungen/src/HelloWorld* vor. Sie selbst befinden sich auf der Kommandozeile eine Ebene höher im Verzeichnis *uebungen/src*. Geben Sie die Befehle an, mit denen Sie `HelloWorldApp` zunächst kompilieren und dann ausführen können.

```
package HelloWorld;

public class HelloWorldApp
{
    public static void main(String[] args)
    {
        System.out.println("Hallo Welt!");
    }
}
```

**Lösung:**

Zur Kompilierung muss der Pfad zur Quelltextdatei mit angegeben werden:

`javac HelloWorld\HelloWorldApp.java`

Bei der Ausführung ergibt sich der Pfad implizit aus dem Paket, zu dem `HelloWorldApp` gehört:

`java HelloWorld.HelloWorldApp`

**33.** Die Klasse `Datei.Ausgabe` liegt in einem Verzeichnis *uebungen/src/DateiAusgabeApp/Datei* vor. Sie besitzt lediglich eine einzige Methode, die einen beliebigen Text in einer Datei speichert.
Schreiben Sie eine neue Klasse `DateiAusgabeApp`, die eine Ebene höher im Verzeichnis *uebungen/src/DateiAusgabeApp* liegen soll und mithilfe von `Ausgabe` eine Datei erzeugt. Kompilieren Sie beide Klassen und führen Sie das Programm anschließend aus.

```
package Datei;

import java.io.FileWriter;

public class Ausgabe
{
    public void gibAus(String text)
    {
        FileWriter Datei;

        try
        {
            Datei = new FileWriter ("ausgabe.txt");
            Datei.write(text, 0, text.length());
```

```
                Datei.flush();
            } catch(java.io.IOException exception)
            {
                exception.printStackTrace();
            }
        }
    }
```

**Lösung:**

Der Quelltext von `DateiAusgabeApp` lautet wie folgt:

```
import Datei.Ausgabe;

public class DateiAusgabeApp
{
    public static void main( String[] args )
    {
        Ausgabe DateiAusgabe = new Ausgabe();
        DateiAusgabe.gibAus("Hello world, this is a file!");
    }
}
```

Um das Kompilieren von `Ausgabe` müssen Sie sich in diesem Fall gar nicht selbst kümmern. Gehen Sie einfach in das Verzeichnis *uebungen/src/DateiAusgabeApp* und kompilieren Sie nur das eigentliche Programm mit dem Befehl

```
javac DateiAusgabeApp.java
```

Der Compiler erkennt automatisch die Abhängigkeit von der Klasse `Datei.Ausgabe` und kompiliert sie mit. Anschließend kann das Programm mit

```
java DateiAusgabeApp
```

ausgeführt werden.

**34.** Betrachten Sie den Lösungsvorschlag zur vorhergehenden Aufgabe. Wäre es möglich, auf die `import`-Anweisung in der ersten Quelltextzeile zu verzichten? Geben Sie gegebenenfalls eine entsprechend angepasste Version des Quelltextes an.

**Lösung:**

Alle `import`-Anweisungen sind in Java optional. Ihr großer Nutzen ist, dass sie den Schreibaufwand innerhalb des Programms verringern, weil nicht mehr der gesamte Paketpfad angegeben werden muss. In diesem Fall nur eine geringe Einsparung:

```
public class DateiAusgabeApp
{
    public static void main(String[] args)
    {
        Datei.Ausgabe DateiAusgabe = new Datei.Ausgabe();
        DateiAusgabe.gibAus("Hello world, this is a file!");
    }
}
```

**35.** Ergänzen Sie die aus den beiden vorhergehenden Aufgaben bekannten Klassen um eine weitere Klasse `Bildschirm.Ausgabe`. Sie soll eine Methode `gibAus()` mit der gleichen Signatur wie diejenige in `Datei.Ausgabe` beinhalten. Den als Parameter übergebenen Text soll sie allerdings nicht in eine Datei, sondern auf den Bildschirm ausgeben.
Modifizieren Sie `DateiAusgabeApp` anschließend so, dass der gleiche Text nicht nur in die Datei, sondern zusätzlich auf den Bildschirm geschrieben wird.

**Lösung:**

Zunächst müssen Sie ein neues Verzeichnis *Bildschirm* anlegen, das auf einer Ebene mit `Datei` liegt, also beispielsweise *uebungen/src/DateiAusgabeApp/Bildschirm*. Darin wird der Quelltext für die neue Klasse abgelegt:

```
package Bildschirm;

public class Ausgabe
{
    public void gibAus(String text)
    {
        System.out.println(text);
    }
}
```

Anschließend können Sie die Erweiterungen am Programm vornehmen und dieses dann kompilieren und starten:

```
public class DateiAusgabeApp
{
    public static void main(String[] args)
    {
        Datei.Ausgabe      DateiAus      = new Datei.Ausgabe();
        Bildschirm.Ausgabe BildschirmAus = new Bildschirm.Ausgabe();

        DateiAus     .gibAus("Hello world, this is a file!");
        BildschirmAus.gibAus("Hello world, this is the screen!");
    }
}
```

# Modul 8

# Exceptions

Unter den Schlagwörtern, mit denen Java üblicherweise beworben wird, steht „Stabilität" immer ganz vorne mit dabei. Gemeint ist damit die Stabilität der fertigen Software, die möglichst fehlertolerant und absturzsicher sein soll.

Ein Mechanismus, der dabei hilft, ist das *Exception-Handling*. Es stellt dem Programmierer Möglichkeiten zur Verfügung, auf Ausnahmesituationen innerhalb des Programmablaufs zu reagieren. Ziel ist es, eine Software zu entwickeln, die unter allen denkbaren Umständen stets in einem wohldefinierten Zustand bleibt und nicht instabil wird.

**Sie sollten wissen**

- was Exceptions sind
- wie der Exception-Mechanismus in Java funktioniert
- wie Exceptions gefangen werden
- wie Exceptions programmiert und geworfen werden
- dass es eine Exception-Hierarchie gibt, die Einfluss auf den Programmaufbau hat

## 8.1 Allgemeines

**1.** Beschreiben Sie mit eigenen Worten, was eine Exception ist und wozu sie benötigt wird.

**Lösung:**

Technisch gesehen ist eine Exception ein Objekt. Dieses Objekt besitzt normalerweise so gut wie keine Funktionalität, sondern nur einige Attribute und Methoden, die deren Werte zurückgeben.

Viele Programmfunktionen kann man durch den einen oder anderen Fehler leicht in einen Zustand bringen, in dem die weitere Ausführung nicht mehr sinnvoll ist. So ist beispielsweise eine Methode `dividiere()` in der Sackgasse, wenn man ihr als Teiler die Zahl 0 übergibt. Die Division lässt sich damit nicht durchführen und der Aufrufer der Funktion muss darüber in Kenntnis gesetzt werden, um über das weitere Vorgehen zu entscheiden. Das Exception-Objekt wird dazu genutzt, die entsprechenden Informationen von der aufgerufenen Funktion an den Aufrufer zu übermitteln.

Wenn eine Methode in einer Sackgasse gelandet ist und zum Schluss kommt, dass ihre Ausführung nun abzubrechen ist, erstellt sie ein Exception-Objekt. Die Klasse selbst gibt bereits Aufschluss über die Art des Problems – so lässt sich beispielsweise an den Klassennamen `InvalidArgumentException` oder `MaxFileSizeExceededException` bereits von außen ablesen, worum es geht. Nähere, fallspezifische Informationen werden zusätzlich in den Attributen des Objekts gespeichert.

**2.** Was ist mit dem Ausdruck „eine Exception werfen“ gemeint?

**Lösung:**

Nachdem eine Methode ein Exception-Objekt erstellt hat, gibt sie dieses an ihren Aufrufer weiter. Dieser Vorgang wird als „Werfen“ einer Exception bezeichnet. Damit wird die Exception-Philosophie unterstrichen, dass es dem werfenden Programmteil völlig egal ist, wer sich um das Problem kümmert. Er wirft das Problem quasi von sich weg und jemand anderes muss sich darum kümmern.

**3.** Was ist mit dem Ausdruck „eine Exception fangen“ gemeint?

**Lösung:**

Eine geworfene Exception muss auch gefangen werden. Damit ist gemeint, dass ein Quelltext einen Mechanismus besitzt, der von aufgerufenen Methoden geworfene Exceptions registriert und sie übernimmt. So bekommt er alle nötigen Informationen zu dem Problem in Form eines Objekts übergeben und kann den normalen Programmablauf unterbrechen, um darauf zu reagieren.

**4.** Beschreiben Sie mit eigenen Worten, was „definierte Fortsetzung eines Programms nach einer Ausnahmesituation“ bedeutet.

**Lösung:**

Eine Ausnahmesituation ist eine Situation, die im regulären Programmablauf nicht vorgesehen ist. Dazu gehören beispielsweise Fehlbedienungen durch den Benutzer oder Fehler beim Zugriff auf vom Betriebssystem verwaltete Systemressourcen wie Speicher oder Dateien. Auch bei Interaktion mit anderen Systemen wie Datenbanken oder Hardwareschnittstellen kommt es schnell dazu. Prinzipiell muss man eigentlich zu jedem Zeitpunkt solche „unerwarteten Situationen erwarten“.

Mit „definierter Fortsetzung“ ist gemeint, dass das Programm in einem solchen Fall nicht einfach abstürzt oder gar fehlerhaft weiterarbeitet. So wäre es z.B sehr ungünstig, wenn ein Programm einen Fehler beim Speichern von Daten in eine Datei einfach ignorieren würde. Stattdessen muss der Benutzer über das Problem unterrichtet werden und die Chance bekommen, seine Daten irgendwie zu speichern. Nur die allerwenigsten Probleme rechtfertigen es überhaupt, die Programmausführung zu beenden – aber auch in diesen Fällen sollten möglichst noch alle Prozesse sauber beendet werden, um Datenverlust und weitere Schwierigkeiten zu vermeiden.

**5.** Anweisungen, bei deren Ausführung eine Exception geworfen werden könnte, müssen innerhalb eines `try`-Blocks stehen. Wie viele `catch`-Blöcke muss es zu jedem `try`-Block mindestens geben, wie viele dürfen es maximal sein?

**Lösung:**

Zu jedem try-Block muss es mindestens einen catch-Block geben. Nach oben hin gibt es keine Begrenzung für die Anzahl der catch-Blöcke.

**6.** Erläutern Sie die Funktion eines finally-Blocks beim Exception-Handling.

**Lösung:**

Innerhalb des finally-Blocks werden alle Arbeiten durchgeführt, die unabhängig vom Auftreten einer Ausnahmesituation durchgeführt werden müssen. Als Anhaltspunkt kann folgende Faustregel dienen: In den finally-Block kommen Anweisungen, die ansonsten im try- **und** im catch-Block stehen müssten.

**7.** Optimieren Sie den folgenden Quelltextausschnitt mithilfe eines finally-Blocks.

```
try
{
   dateiOeffnen();
   dateiLesen();
   dateiSchliessen();
} catch (IOException exception)
{
   fehlerBehandlung(exception);
   dateiSchliessen();
}
```

**Lösung:**

Das Schließen der Datei muss auf jeden Fall durchgeführt werden, unabhängig davon, ob das Lesen geklappt hat. Deshalb kann es in einen finally-Block ausgelagert werden, wo es sowohl bei der normalen Abarbeitung als auch im Ausnahmefall zur Ausführung kommt:

```
try
{
   dateiOeffnen();
   dateiLesen();
} catch (IOException exception)
{
   fehlerBehandlung(exception);
} finally
{
   dateiSchliessen();
}
```

## 8.2 Fangen und werfen

**8.** Das folgende Programm soll die Zahlen von 1 bis 100 untereinander in eine Datei mit dem Namen *ausgabe.txt* ausgeben. Leider funktioniert es so aber nicht. Nennen Sie den Grund dafür und korrigieren Sie es.

```
import java.io.FileWriter;

public class ZahlenListeApp
{
    public static void main(String[] args)
    {
        FileWriter datei;
        String     text;

        datei = new FileWriter ("ausgabe.txt");
        text  = "1\n";

        for (int i = 2; i <= 100; i++)
        {
            text += i;
            text += "\n";
         }
         datei.write(text, 0, text.length());
         datei.flush();
    }
}
```

**Lösung:**

Der Konstruktor und die Methoden `write()` sowie `flush()` der Klasse `FileWriter` können Exceptions des Typs `IOException` werfen. Zu sehen ist das an den Deklarationen dieser Methoden, die Sie in der API-Dokumentation nachlesen können:

```
public FileWriter(String fileName) throws IOException
public void write(String str) throws IOException
public abstract void flush() throws IOException
```

Java besteht bei der Verwendung solcher Methoden auf sauberes Exception-Handling – Sie haben an dieser Stelle keine Chance, sich darum zu drücken. Schreiben Sie das Programm also so um, dass die kritischen Aufrufe innerhalb eines `try`-Blocks stehen. Außerdem benötigen Sie einen `catch`-Block, der ausgeführt wird, wenn eine Ausnahme auftritt. In diesem Fall genügt es, den genauen Fehler auf dem Bildschirm auszugeben:

```
import java.io.FileWriter;

public class ZahlenListeApp
{
    public static void main(String[] args)
    {
        FileWriter datei;
```

```
        String     text;

        try
        {
            datei = new FileWriter ("ausgabe.txt");
            text  = "1\n";

            for (int i = 2; i <= 100; i++)
            {
                text += i;
                text += "\n";
            }
            datei.write(text);
            datei.flush();
        } catch(java.io.IOException exception)
        {
            System.out.println("E/A-Fehler: " + exception.getMessage());
        }
    }
}
```

**9.** Das Programm `ZahlenListeApp` aus der vorhergehenden Aufgabe ist jetzt mit einem Exception-Handling ausgestattet, das man natürlich auch gerne einmal testen würde. Machen Sie einen Vorschlag, wie man eine `IOException` auslösen könnte.

**Lösung:**

Eine `IOException` wird geworfen, wenn ein Problem bei der Ausgabe in die Datei auftritt. So ein Problem kann man beispielsweise simulieren, indem man verhindert, dass eine bereits vorhandene Datei mit dem Namen *ausgabe.txt* bei einem erneuten Programmlauf überschrieben wird. Gehen Sie dazu folgendermaßen vor:

1. Führen Sie das Programm mindestens einmal aus.
2. Suchen Sie die Ausgabedatei im Dateisystem (unter Windows am besten mit dem Windows Explorer).
3. Legen Sie einen Schreibschutz auf die Datei (im Windows-Explorer über den Kontextmenüeintrag *Eigenschaften*).
4. Führen Sie das Programm ein weiteres Mal aus. Jetzt kann die bestehende Datei nicht mehr überschrieben werden und es kommt zu einem Fehler.

**10.** Das folgende Programm lässt sich nicht kompilieren. Korrigieren Sie es unter der Maßgabe, dass die Methode `listeAusgeben()` **kein** Exception-Handling beinhalten soll.

```
import java.io.FileWriter;
import java.io.IOException;

public class ZahlenListeApp2
```

```
{
    public static void main(String[] args)
    {
        listeAusgeben(500);
    }

    protected static void listeAusgeben(int maxWert)
    {
        FileWriter datei;
        String     text;

        datei = new FileWriter ("ausgabe.txt");
        text  = "1\n";

        for (int i = 2; i <= maxWert; i++)
        {
            text += i;
            text += "\n";
        }
        datei.write(text);
        datei.flush();
    }
}
```

**Lösung:**

Wenn das Exception-Handling nicht in `listeAusgeben()` selbst geschehen soll, muss jemand anderes diese Aufgabe übernehmen. Dazu muss die Methode so umdeklariert werden, dass eine eventuell aus den `FileWriter`-Methoden kommende Exception an den eigenen Aufrufer weitergegeben wird. Dies geschieht über das Schlüsselwort `throws`, dem der Typ der zu erwartenden Exception nachgestellt wird. Dadurch wird dann der Aufrufer von `listeAusgeben()` (in diesem Fall die `main()`-Methode) dazu genötigt, sich um eventuelle Exceptions zu kümmern.

```
import java.io.FileWriter;
import java.io.IOException;

public class ZahlenListeApp2
{
   public static void main(String[] args)
   {
        try
        {
            listeAusgeben(500);
        } catch(IOException exception)
        {
            System.out.println("E/A-Fehler: " + exception.getMessage());
        }
   }

   protected static void listeAusgeben(int maxWert) throws IOException
   {
        FileWriter datei;
        String     text;
```

```
        datei = new FileWriter ("ausgabe.txt");
        text  = "1\n";

        for (int i = 2; i <= maxWert; i++)
        {
            text += i;
            text += "\n";
        }
        datei.write(text);
        datei.flush();
    }
}
```

**11.** In Kapitel 6 „Statische Klassenelemente“ wurde die Klasse `Oberhemd` entwickelt. Objekte dieser Klasse bekommen im Konstruktor zwei Zahlenwerte übergeben, die ihre Farbe und das Muster definieren. Bisher gibt es aber noch keinen Mechanismus, der diese beiden Werte auf Gültigkeit überprüft. Das soll sich jetzt ändern.
Erweitern Sie den Konstruktor von `Oberhemd` dahingehend, dass er bei der Übergabe eines ungültigen Parameters eine Exception vom Typ `java.lang.IllegalArgumentException` wirft. Die Exception soll natürlich eine brauchbare Fehlermeldung enthalten!

**Lösung:**

Diese Anpassung ist schnell programmiert: Im Konstruktor muss mithilfe einer `if`-Abfrage geklärt werden, ob die beiden Parameter gültig sind. Wenn nicht, wird eine Fehlermeldung zusammengebaut und damit ein neues Exception-Objekt erstellt. Mit `throw` wird dieses dann geworfen.

```
public class Oberhemd
{
    // Konstanten für die Grundfarbe
    public static final byte BLAU          = 1;
    public static final byte ROT           = 2;
    public static final byte GRUEN         = 3;

    // Konstanten für das Muster
    public static final byte UNI           = 1;
    public static final byte KARIERT       = 2;
    public static final byte GESTREIFT     = 3;

    // Attribute Farbe und Muster
    protected byte farbe;
    protected byte muster;

    public Oberhemd(byte farbe, byte muster)
                throws IllegalArgumentException
    {
        if (farbe != BLAU && farbe != ROT && farbe != GRUEN)
        {
            String msg;
            msg = "Wert '"+farbe+"' ungueltig fuer Parameter 'farbe'";
            throw new IllegalArgumentException(msg);
```

```
        } else if (muster != UNI && muster != KARIERT &&
                  muster != GESTREIFT)
        {
            String msg;
            msg = "Wert '"+muster+"' ungueltig fuer Parameter 'muster'";
            throw new IllegalArgumentException(msg);
        } else
        {
            this.farbe  = farbe;
            this.muster = muster;
        }
    }

    public String toString()
    {
        // siehe vollständige Klassenimplementierung in
        // Kapitel 6 "Statische Klassenelemente"
    }
}
```

**12.** Schreiben Sie eine Applikation `OberhemdenApp`, die bewusst versucht, mit ungültigen Argumenten ein Oberhemd zu erstellen. Implementieren Sie ein Exception-Handling, das die dabei verursachte Exception fängt und mit einer Bildschirmausgabe darauf reagiert.

**Lösung:**

```
public class OberhemdenApp
{
    public static void main(String[] args)
    {
        Oberhemd hemd;
        try
        {
            hemd = new Oberhemd((byte)99, Oberhemd.KARIERT);
            System.out.println(hemd);
        } catch (IllegalArgumentException e)
        {
            System.out.println("Fehler: " + e.getMessage());
        }
    }
}
```

**13.** Schreiben Sie ein weiteres Programm namens `OberhemdStackTraceApp`, das ebenfalls versucht, mit fehlerhaften Parametern ein Objekt der Klasse `Oberhemd` zu erzeugen. Diesmal soll allerdings nicht nur eine kurze Fehlermeldung ausgegeben werden, sondern der Weg der Exception durch das Programm erkennbar werden. Die Ausgabe soll dann folgendermaßen aussehen:

```
Fehler: Wert '99' ungueltig fuer Parameter 'farbe'

Stacktrace:
===========
java.lang.IllegalArgumentException: Wert '99' ungueltig fuer 'farbe'
        at Oberhemd.<init>(Oberhemd.java:22)
        at OberhemdStackTraceApp.makeHemd(OberhemdStackTraceApp.java:25)
        at OberhemdStackTraceApp.getHemd(OberhemdStackTraceApp.java:19)
        at OberhemdStackTraceApp.main(OberhemdStackTraceApp.java:6)
```

**Lösung:**

Die gezeigte Ausgabe erhält man, wenn man die Methode `printStackTrace()` des Exception-Objekts aufruft. Sie enthält eine Auflistung aller Methoden, durch die die Exception weitergereicht worden ist, bevor sie beim `catch` angekommen ist.

```
public class OberhemdStackTraceApp
{
    public static void main(String[] args)
    {
        Oberhemd hemd;
        try
        {
            hemd = getHemd();
            System.out.println(hemd);
        } catch (IllegalArgumentException e)
        {
            System.out.println("Fehler: " + e.getMessage());
            System.out.println("\nStacktrace:");
            System.out.println("===========");
            e.printStackTrace();
        }
    }

    protected static Oberhemd getHemd()
                            throws IllegalArgumentException
    {
        return makeHemd();
    }

    protected static Oberhemd makeHemd()
                            throws IllegalArgumentException
    {
        return new Oberhemd((byte)99, Oberhemd.KARIERT);
    }
}
```

**14.** Schreiben Sie eine (für dieses Kapitel letzte – versprochen) Applikation namens `OberhemdLogFileApp`, die wieder versucht, `Oberhemd` zu instantiieren und dabei eine Exception auslöst. Der dadurch resultierende Stack Trace soll genauso aussehen wie der der vorhergehenden Aufgabe, soll diesmal aber in eine Datei mit dem Namen *StackTrace.log* ausgegeben werden.

**Lösung:**

Diese Aufgabe ist mit relativ wenig Aufwand zu lösen, weil man der Methode `printStackTrace()` auch direkt ein `PrintWriter`-Objekt übergeben kann, auf das der Stack Trace geschrieben werden soll. Wenn dieses Objekt seinerseits die übergebenen Daten direkt an ein `FileWriter`-Objekt weiterleitet, hat man bereits die halbe Miete beisammen. Etwas trickreich ist noch die Tatsache, dass man in einem `catch`-Block wiederum eine Operation (Dateiausgabe) durchführt, die eine Exception auslösen könnte. Deshalb wurden in diesem Lösungsvorschlag zwei Exception-Handlings inteinander verschachtelt:

```
import java.io.FileWriter;
import java.io.IOException;
import java.io.PrintWriter

public class OberhemdLogFileApp
{
    public static void main(String[] args)
    {
        Oberhemd hemd;

        try
        {
            hemd = getHemd();
            System.out.println(hemd);
        } catch (Exception e)
        {
            System.out.println("Fehler: " + e.getMessage());
            try
            {
                FileWriter  datei  = new FileWriter("StackTrace.log");;
                PrintWriter writer = new java.io.PrintWriter(datei);
                e.printStackTrace(writer);
                writer.flush();
            } catch (IOException ioe)
            {
                System.out.println("Fehler: " + ioe.getMessage());
            }
        }
    }

    protected static Oberhemd getHemd()
                            throws IllegalArgumentException
    {
        return makeHemd();
    }
```

```
    protected static Oberhemd makeHemd()
                                throws IllegalArgumentException
    {
        return new Oberhemd((byte)99, Oberhemd.KARIERT);
    }
}
```

**15.** Das folgende Programm soll vervollständigt werden. Implementieren Sie dazu die noch fehlende Methode `reverseString()`, die den ihr übergebenen String umdreht und zurückgibt. Um den Übungseffekt noch etwas zu intensivieren, soll dazu nicht die `reverse()`-Methode der Klasse `String` verwendet werden! Wenn der Methode statt einem gültigen String ein Nullzeiger übergeben wird, soll eine entsprechende Exception (siehe `NullPointerException` in der API-Dokumentation) geworfen werden.

```
public class StringReverseApp
{
    public static void main(String[] args)
    {
        try
        {
            // Erst mal eine gültige Operation ...
            String einString = "Dreh' mich!";
            System.out.println(reverseString(einString));

            // ... und jetzt eine ungültige.
            einString = null;
            System.out.println(reverseString(einString));
        } catch (NullPointerException exception)
        {
            System.out.println("Fehler: " + exception.getMessage());
        }
    }
    // Hier die Methode reverseString() einfügen!
}
```

**Lösung:**

```
public class StringReverseApp
{
    public static void main(String[] args)
    {
        try
        {
            // Erst mal eine gültige Operation ...
            String einString = "Dreh' mich!";
            System.out.println(reverseString(einString));

            // ... und jetzt eine ungültige.
            einString = null;
            System.out.println(reverseString(einString));
        } catch (NullPointerException exception)
```

```
        {
            System.out.println("Fehler: " + exception.getMessage());
        }
    }

    protected static String reverseString(String s)
                                throws NullPointerException
    {
        String revString = new String();

        if (s != null)
        {
            // s ist ein gültiges Objekt
            for (int i = s.length() - 1; i >= 0; i--)
            {
                revString += s.charAt(i);
            }
        } else
        {
            // s ist kein gültiges Objekt
            String msg = "Aufruf von 'reverseString()' mit Nullzeiger.";
            throw new NullPointerException(msg);
        }
        return revString;
    }
}
```

## 8.3 Hierarchien

**16.** Von welcher Klasse der Java-API sollten alle Exceptions abgeleitet sein?

**Lösung:**

Von `java.lang.Exception`.

**17.** Betrachten Sie den folgenden, fehlerhaften Quelltext. Worin liegt der Fehler? Erläutern und korrigieren Sie ihn!

```
import java.io.FileReader;
import java.io.BufferedReader;
import java.io.IOException;
import java.io.FileNotFoundException;

public class LiesMichApp
{
```

```
    public static void main(String[] args)
    {
        try
        {
            String         zeile;
            FileReader     datei  = new FileReader("Liesmich.txt");
            BufferedReader reader = new BufferedReader(datei);

            zeile = reader.readLine();
            while (zeile != null)
            {
                System.out.println(zeile);
                zeile = reader.readLine();
            }
        } catch (IOException e)
        {
            System.out.println("E/A-Fehler: " + e.getMessage());
        } catch (FileNotFoundException e)
        {
            System.out.println("Datei nicht gefunden!");
        }
    }
}
```

**Lösung:**

Im gezeigten Quelltext wird die `IOException` vor der `FileNotFoundException` gefangen. Das ist aber so auf keinen Fall richtig, denn `FileNotFoundException` ist eine Spezialisierung von `IOException`. In der Vererbungshierarchie folgt sie also der allgemeineren `IOException`.

Wenn nun bei dem Versuch, die Datei zu lesen, diese nicht gefunden wird, so wird eine `FileNotFoundException` geworfen. Im gezeigten Quelltext würde bereits das erste `catch` zuschlagen und diese Exception fangen, denn es ist für `IOException` und alle davon abgeleiteten Exceptions zuständig. Somit würde sie niemals bis zum zweiten `catch` vordringen, das aber eigentlich genau für diese Exception implementiert wurde. Der Compiler erkennt diesen Widerspruch und moniert ihn.

Die Lösung für dieses Problem ist einfach: Tauschen Sie die beiden `catch`-Blöcke aus. Somit werden alle Exceptions aus der Dateioperation zuerst am `catch`-Block für `FileNotFoundExceptions` vorbeigeführt. Wenn der zuständig ist, gibt es eine spezielle Behandlung für diesen Fall. Ansonsten muss es sich um eine andere `IOExcpetion` handeln und der allgemeinere zweite Block kümmert sich darum.

```
import java.io.FileReader;
import java.io.BufferedReader;
import java.io.IOException;
import java.io.FileNotFoundException;

public class LiesMichApp
{
    public static void main(String[] args)
    {
        try
        {
            String         zeile;
            FileReader     datei  = new FileReader("Liesmich.txt");
```

```
                BufferedReader reader = new BufferedReader(datei);

                zeile = reader.readLine();
                while (zeile != null)
                {
                    System.out.println(zeile);
                    zeile = reader.readLine();
                }
            } catch (FileNotFoundException e)
            {
                System.out.println("Datei nicht gefunden!");
            } catch (IOException e)
            {
                System.out.println("E/A-Fehler: " + e.getMessage());
            }
        }
    }
```

**18.** Das Package `MyExceptions` mit den drei Exception-Klassen `ArrayFullException`, `ArrayEmptyException` und `EmptyElementException` ist gegeben. Außerdem gibt es bereits einen Teil des Programms `FreundeApp`, mit dem eine kleine Liste von Namen verwaltet werden soll (siehe unten). Die Liste selbst ist ein statisches `String`-Array mit nur wenigen Elementen. Gefüllt, geleert und ausgelesen wird sie mit einigen einfachen Methoden, die jeweils eine der drei Exceptions aus `MyExceptions` werfen können. Vervollständigen Sie das Programm und testen Sie es so weit, dass Sie jede der Exceptions einmal provoziert haben.

ArrayFullException.java:

```
package MyExceptions;

public class ArrayFullException extends Exception
{
    public ArrayFullException()
    {
        super("Das Array ist voll.");
    }
    public ArrayFullException(String s)
    {
        super(s);
    }
}
```

EmptyElementException.java:

```
package MyExceptions;

public class EmptyElementException extends Exception
{
    public EmptyElementException(int index)
    {
        super("Das Element '"+index+"' existiert nicht.");
    }
```

```
    public EmptyElementException(String s)
    {
        super(s);
    }
}
```

ArrayEmptyException.java:

```
package MyExceptions;

public class ArrayEmptyException extends Exception
{
    public ArrayEmptyException()
    {
        super("Das Array enthält keine Elemente.");
    }
    public ArrayEmptyException(String s)
    {
        super(s);
    }
}
```

FreundeApp.java:

```
import MyExceptions.ArrayEmptyException;
import MyExceptions.ArrayFullException;
import MyExceptions.EmptyElementException;

public class FreundeApp
{
    static String[] freunde    = new String[3];
    static int      anzFreunde = 0;

    public static void main(String[] args)
    {
        // hier das Exception-Handling implementieren, die Methoden
        // aufrufen und zu Testzwecken Exceptions provozieren
    }

    protected static void addFreund(String name)
                            throws ArrayFullException
    {
        // Einen Namen in das Array einfügen und den Zähler
        // erhöhen. Aber nur, wenn das Array noch nicht voll ist!
    }

    protected static void cleanArray()
                            throws ArrayEmptyException
    {
        // Alle Elemente des Arrays löschen und den Zähler auf
        // 0 setzen. Aber nur, wenn das Array noch nicht leer ist!
    }

    protected static String getFreund(int index)
                            throws EmptyElementException
```

```
        {
            // Einen Namen aus dem Array lesen und zurückgeben. Aber
            // nur, wenn es das Element tatsächlich gibt!
        }
    }
```

**Lösung:**

Hier der vollständige Quelltext von FreundeApp:

```
import MyExceptions.ArrayEmptyException;
import MyExceptions.ArrayFullException;
import MyExceptions.EmptyElementException;

public class FreundeApp
{
    static String[] freunde    = new String[3];
    static int      anzFreunde = 0;

    public static void main(String[] args)
    {
        try
        {
            // das Array einmal leeren
            //cleanArray();

            // dem Array ein paar Freunde hinzufügen
            addFreund("Christoph");
            addFreund("Kevin");
            addFreund("Phillip");
            //addFreund("Sebastian");

            // das Array leeren
            cleanArray();

            // leeres Element holen
            System.out.println(getFreund(1));

        } catch (ArrayFullException e)
        {
            System.out.println("Achtung: Das Array ist voll!");
        } catch (ArrayEmptyException e)
        {
            System.out.println("Achtung: Das Array ist leer!");
        } catch (EmptyElementException e)
        {
            System.out.println("Achtung: " + e.getMessage());
        } catch (Exception e)
        {
            System.out.println("Unbekannter Fehler: " + e.getMessage());
        }
    }

    protected static void addFreund(String name)
```

```
                          throws ArrayFullException
    {
        if (anzFreunde < 3)
        {
            // es ist noch Platz im Array
            freunde[anzFreunde++] = name;
        } else
        {
            // Array ist voll
            throw new ArrayFullException();
        }
    }

    protected static void cleanArray()
                          throws ArrayEmptyException
    {
        if (anzFreunde > 0)
        {
            // alle Elemente aus dem Array löschen
            java.util.Arrays.fill(freunde, null);
            anzFreunde = 0;
        } else
        {
            // das Array ist schon leer
            throw new ArrayEmptyException();
        }
    }

    protected static String getFreund(int index)
                          throws EmptyElementException
    {
        if (index < anzFreunde)
        {
            // Element mit diesem Index existiert
            return freunde[index];
        } else
        {
            // Element existiert gar nicht
            throw new EmptyElementException(index);
        }
    }
}
```

**19.** Das nebenstehende UML-Diagramm zeigt eine kleine Exception-Hierarchie, die im Paket `TemperatureExceptions` zusammengefasst werden soll. Implementieren Sie dieses Paket und erzeugen Sie eine JAR-Datei daraus.

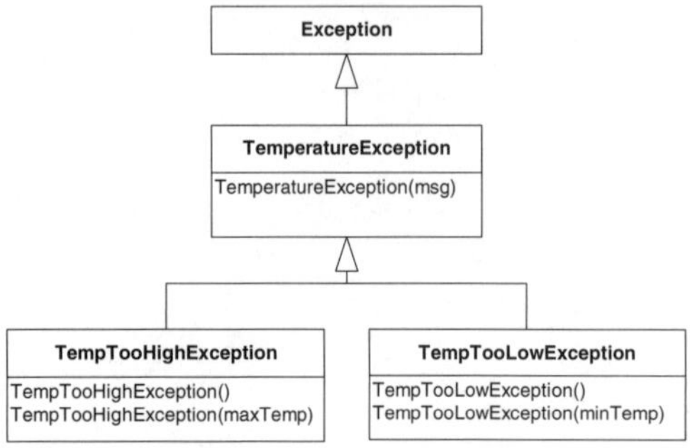


**Lösung:**

Implementieren und kompilieren Sie die folgenden Klassen in einem gemeinsamen Verzeichnis namens *TemperatureExceptions*.

TemperatureException.java:

```
package TemperatureExceptions;

public class TemperatureException extends Exception
{
    public TemperatureException(String s)
    {
        super(s);
    }
}
```

TempTooHighException.java:

```
package TemperatureExceptions;

public class TempTooHighException extends TemperatureException
{
    public TempTooHighException()
    {
        super("Die Temperatur ist zu hoch.");
    }

    public TempTooHighException(double maxTemp)
    {
        super("Die max. Temperatur "+maxTemp+"° wurde überschritten.");
    }
}
```

TempTooLowException.java:

```
package TemperatureExceptions;

public class TempTooLowException extends TemperatureException
{
    public TempTooLowException()
    {
        super("Die Temperatur ist zu niedrig.");
    }
```

```
    public TempTooLowException(double minTemp)
    {
        super("Die min. Temperatur "+minTemp+"° wurde unterschritten.");
    }
}
```

Anschließend wechseln Sie in der Verzeichnisstruktur eine Ebene nach oben und erstellen mit dem Befehl

```
jar cvf TemperatureExceptions.jar TemperatureExceptions
```

eine JAR-Datei, die das Paket `TemperatureExceptions` enthält.

**20.** Jetzt soll das Paket `TemperatureExceptions` aus der vorherigen Aufgabe zum ersten Mal eingesetzt werden. Aufgabe ist es, eine Applikation zu entwickeln, die eine primitive Simulation des Qualitätsmanagements in einer typischen deutschen Eiswürfelfabrik darstellt.
Die fertigen Eiswürfel laufen in der Fabrik vom Band und passieren die Qualitätssicherung. Dort wird die Temperatur des Würfels gemessen und auf einem Display angezeigt. Der zuständige Mitarbeiter gibt diese Temperatur in die von Ihnen zu erstellende Applikation ein. Wenn die Temperatur zwischen –15° Celsius und –5° Celsius liegt, ist der Würfel in Ordnung und läuft weiter zur Verpackungsmaschine. Liegt sie außerhalb dieses Bereichs, wird er auf ein anderes Fließband umgeleitet und wieder eingeschmolzen.
Die Steuerung des Fließbands erfolgt über ein Objekt der Klasse `Fliessband`, die bereits vorliegt (siehe Listing unten).
`EisFabrikApp` soll in einer Schleife so lange Temperatureingaben vom Benutzer abfragen, bis dieser etwas anderes als eine Zahl eingibt – in diesem Fall ist das Programm zu beenden. Jede eingegebene Zahl hingegen soll einer Methode namens `checkTemp()` übergeben werden, die den Temperaturbereich überprüft und bei Bedarf eine entsprechende Exception wirft. Liegt eine Temperatur innerhalb des gültigen Bereichs, so soll die Methode `verpacken()` des `Fliessband`-Objekts aufgerufen werden. Andernfalls wird der Würfel über die Methode `einschmelzen()` wieder dem Produktionsprozess zugeführt.

```
public class Fliessband
{
    public void verpacken()
    {
        System.out.println("Eiswürfel zum Verpacken geschickt.");
    }

    public void einschmelzen()
    {
        System.out.println("Eiswürfel wird wieder eingeschmolzen.");
    }
}
```

**Lösung:**

Die fertige Applikation arbeitet an zwei Stellen mit Exceptions.

Zunächst einmal muss natürlich die Eingabe von Temperaturen innerhalb eines `try`-Blocks erfolgen. Auf diese Weise kann man auch mit recht wenig Aufwand das Beenden des Programms steuern: Wenn etwas anderes als ein gültiger `double`-Wert eingegeben wird, kommt man automatisch in den `catch`-Block. Dort wird dann die Variable `run`, die als Abbruchbedingung für die Hauptschleife dient, auf `false` gesetzt – das Programm wird beendet.

Das zweite Exception-Handling betrifft die Temperaturprüfung. Wenn der über die globalen Konstanten definierte Wertebereich überschritten wird, wirft `checkTemperature()` eine entsprechende Exception. In diesem Fall wird eine kurze Meldung ausgegeben und der betreffende Eiswürfel wieder eingeschmolzen.

Achten müssen Sie noch auf die Zugänglichkeit der Datei *TemperatureExceptions.jar*. Der Compiler muss sie natürlich finden können, um das Programm zu kompilieren. Dazu muss er folgendermaßen aufgerufen werden, wobei der Pfad *\classes\TemperatureExceptions.jar* nur ein Ihren eigenen Gegebenheiten anzupassendes Beispiel ist:

```
javac -classpath .;\classes\TemperatureExceptions.jar EisFabrikApp.java
```

**Hinweis**

Bitte beachten Sie auch die folgende Aufgabe, in deren Rahmen dieser Quelltext noch etwas optimiert werden wird.

```
import TemperatureExceptions.TemperatureException;
import TemperatureExceptions.TempTooHighException;
import TemperatureExceptions.TempTooLowException;
import java.io.InputStreamReader;
import java.io.BufferedReader;

public class EisFabrikApp
{

    static Fliessband   fliessband = new Fliessband();
    static final double MIN_TEMP   = -15.0;
    static final double MAX_TEMP   =  -5.0;

    public static void main(String[] args)
    {
        boolean           run    = true;
        InputStreamReader in     = new InputStreamReader(System.in);
        BufferedReader    puffer = new BufferedReader(in);

        while(run)
        {
            // eine Temperatur eingeben
            // ------------------------
            double  temp = 0;
            String  eingabe;

            try
            {
                // Tastatureingabe lesen
                System.out.print("angezeigte Temperatur: ");
                eingabe = puffer.readLine();
                temp    = Double.parseDouble(eingabe);
            } catch (Exception e)
```

```
            {
                // Eingabe kein gültiger Double
                run = false;
            }

            // gültige Temperatur verarbeiten
            // ------------------------------
            if (run)
            {
                try
                {
                    // Temperatur prüfen
                    checkTemperature(temp);

                    // es hat keine Exception gegeben, also alles OK
                    fliessband.verpacken();
                } catch (TempTooHighException e)
                {
                    // Würfel zu warm!
                    System.out.println(e.getMessage());
                    fliessband.einschmelzen();
                } catch (TempTooLowException e)
                {
                    // Würfel zu kalt!
                    System.out.println(e.getMessage());
                    fliessband.einschmelzen();
                }
            }
        }
        System.out.println("Programm wird beendet ...");
    }

    public static void checkTemperature(double temp)
                        throws TempTooHighException,
                               TempTooLowException
    {
        if (temp < MIN_TEMP)
        {
            throw new TempTooLowException(MIN_TEMP);
        } else if (temp > MAX_TEMP)
        {
            throw new TempTooHighException(MAX_TEMP);
        }
    }
}
```

**21.** Im Lösungsvorschlag für die vorhergehende Aufgabe gibt es noch etwas Optimierungspotenzial im Exception-Handling um den Aufruf von `checkTemperature()` herum. Erläutern Sie, wie man hier Quelltext sparen und trotzdem zum gleichen Ergebnis kommen kann.

**Lösung:**

Das vorgeschlagene Exception-Handling sieht einen eigenen `catch`-Block für jede der beiden möglichen Exceptions vor. Eigentlich ist das aber gar nicht notwendig, denn in beiden Fällen wird ja die gleiche Maßnahme ergriffen: Ausgabe des Meldungstextes der Exception und Einschmelzen des Eiswürfels.

Glücklicherweise hat ein cleverer Softwaredesigner (sein Name steht übrigens auf dem Cover dieses Buches ;-)) bereits im Vorfeld für solche Fälle Sorge getragen und beiden Exceptions eine gemeinsame Superklasse gegönnt. Man kann sich also auf einen `catch`-Block beschränken, der alle `TemperatureExceptions` fängt:

```
try
{
    // Temperatur prüfen
    checkTemperature(temp);

    // es hat keine Exception gegeben, also alles OK
    fliessband.verpacken();
} catch (TemperatureException e)
{
    // Würfel zu warm oder zu kalt!
    System.out.println(e.getMessage());
    fliessband.einschmelzen();
}
```

# 8.4 Assertions

**Hinweis**

Um die Lösungsvorschläge dieses Abschnitts nachvollziehen zu können, benötigen Sie einen Java-Compiler ab Version 1.4. Erst seit dieser Version unterstützt Java den Assertion-Mechanismus.

**22.** Erläutern Sie, was Assertions sind, und erklären Sie anhand eines Anwendungsbeispiels die Funktionsweise.

**Lösung:**

Eine Assertion ist eine Behauptung (engl. assertion = Behauptung) über den Wahrheitswert eines Ausdrucks. Diese Behauptung wird zur Laufzeit geprüft und wenn der Wahrheitswert nicht `true` ist, wird ein `java.lang.AssertionError` geworfen. Das Programm hat dann die Möglichkeit, darauf zu reagieren.

Der Hintergrund ist folgender: Als Programmierer geht man für gewöhnlich sehr oft von Annahmen wie „mehr als 10.000 Elemente wird diese Liste nie aufnehmen müssen“ aus. Da entsprechende Sicherheitsabfragen zeitraubend implementiert werden müssten und zudem den Quelltext aufblähen würden, werden sie oft nicht programmiert. Das Resultat ist dann ein Programm, das im Normalfall erst einmal jahrelang wunderbar läuft. Aber nach einer gewissen Zeit kommt dann doch Element Nummer 10.001 in die Liste und alles geht mit Pauken und Trompeten den Bach herunter.

Durch die Aufstellung der Behauptung „Es sind im Moment weniger als 10.000 Elemente in der Liste“ vor dem Einfügen eines weiteren Elements in die Liste kann man das verhindern. Die virtuelle Maschine prüft diese Aussage und bewertet sie anschließend mit `true` oder `false`. Ist sie wahr, so kann bedenkenlos mit dem Einfügen fortgefahren werden. Ist sie hingegen falsch, so ist die Liste voll und das Programm darf an dieser Stelle nicht fortgeführt werden. Es wird dann der besagte `AssertionError` geworfen, der in einem `catch`-Block gefangen und behandelt werden kann.

Assertions bieten dem Programmierer somit eine bequeme und zugleich leistungsfähige Möglichkeit, auch mögliche Probleme der Kategorie „das passiert eh nie, da baue ich nicht extra eine Abfrage ein“ zu berücksichtigen.

**23.** Das Programm `SimpleAssertionApp` ist gegeben und zeigt den Assertion-Mechanismus in seiner einfachsten Anwendungsform. Erläutern Sie die Funktionsweise des Programms.

```
public class SimpleAssertionApp
{
    public static void main(String[] args)
    {
        // erst mal ein gültiger Aufruf
        System.out.print("eineMethode(42): ");
        eineMethode(42);

        // jetzt ein ungültiger
        System.out.print("eineMethode(-1): ");
        eineMethode(-1);
    }

    public static void eineMethode(int iWert)
    {
        assert (iWert >= 0);
        System.out.println(iWert + " ist OK.");
    }
}
```

**Lösung:**

Die Methode `eineMethode()` erwartet als Parameter einen Wert des Typs `int`. `int`-Werte können sowohl positiv als auch negativ sein, `eineMethode()` erwartet jedoch ausschließlich positive Zahlen. Anstatt nun einfach anzunehmen, dass ihre Aufrufer stets positive Werte übergeben, überprüft die Methode diesen Sachverhalt, indem sie eine entsprechende Behauptung aufstellt. Nur wenn die Behauptung war ist, wird die OK-Meldung ausgegeben. Ansonsten wird ein `AssertionError` geworfen. Da dieser nirgendwo gefangen wird, wird das Programm dabei beendet werden.

**24.** Mit welchem Befehl müssen Sie das Programm `SimpleAssertionApp` aus der vorhergehenden Aufgabe kompilieren, damit es keine Fehlermeldung gibt?

**Lösung:**

Beim Assertion-Mechanismus handelt es sich um eine neue Errungenschaft der Version 1.4, die nicht standardmäßig verwendet wird. Der Hintergrund dieser Umständlichkeit ist, dass man eine möglichst hohe Rückwärtskompatibilität zwischen den verschiedenen Compiler-Versionen erreichen will. Noch mit Java 1.3 war es nämlich möglich, den Begriff `assert` als Variablen- oder Methodennamen zu verwenden. Würde man nun jedoch versuchen, ein solches altes Programm mit der neuen Compilerfunktionalität zu kompilieren, so bekäme man eine Fehlermeldung, weil `assert` ein Schlüsselwort geworden ist. Deshalb müssen die Features der neuen Version explizit eingeschaltet werden:

```
javac -source 1.4 SimpleAssertionApp.java
```

**25.** Wenn Sie das fertig kompilierte Programm nun mit dem Befehl `java SimpleAssertionApp` ausführen, erhalten Sie die folgende Ausgabe auf dem Bildschirm:

```
eineMethode(42): 42 ist OK.
eineMethode(-1): -1 ist OK.
```

Das ist nicht das Ergebnis, das eigentlich erreicht werden sollte. Was ist falsch gelaufen? Wie sieht das korrekte Ergebnis aus?

**Lösung:**

Assertions sind ein Mechanismus, der von vielen Entwickler-Teams nur während der Entwicklungs- und Testphasen eines Projekts verwendet werden. So kann man während des Zusammenfügens der Programmteile aller beteiligten Programmierer sicherstellen, dass alle von den gleichen Voraussetzungen ausgegangen sind („diese Methode darf nur positive Werte übergeben bekommen") und diese auch einhalten. Wenn man davon ausgeht, dass nach den Testphasen alle aufgestellten Behauptungen stets wahr sind, so kann man die Assertions auch ignorieren. Standardmäßig tut die virtuelle Maschine genau das: Sie ignoriert alle Assertions.

Um `SimpleAssertionApp` wie erwartet auszuführen, muss der Interpreter mit dem Kommandozeilenparameter `-ea` (oder `-enableassertions` in der Langform) aufgerufen werden:

```
java -ea SimpleAssertionApp
```

Die Ausgabe sieht dann so aus:

```
eineMethode(42): 42 ist OK.
eineMethode(-1): Exception in thread "main" java.lang.AssertionError
        at SimpleAssertionApp.eineMethode(SimpleAssertionApp.java:14)
        at SimpleAssertionApp.main(SimpleAssertionApp.java:10)
```

**26.** `SimpleAssertionApp` wirft jetzt zwar einen `AssertionError` und beendet sich bei der Übergabe eines falschen Parameters, aber Rückschlüsse auf die Art des Problems gibt es nicht. Gäbe es mehr als ein `assert` in `eineMethode()`, so würde das Auffinden des Fehlers schon recht schwierig.
Implementieren Sie deshalb ein neues Programm `SimpleAssertionApp2`, das prinzipiell gleich aufgebaut ist, aber eine verständliche Fehlerbeschreibung ausgibt.

**Lösung:**

Die Behauptung kann mit einem Text ergänzt werden, der im Falle der Nichterfüllung als Fehlerbeschreibung mit dem `AssertionError`-Objekt verknüpft wird:

```
public class SimpleAssertionApp2
{
    public static void main(String[] args)
    {
        // erst mal ein gültiger Aufruf
        System.out.print("eineMethode(42): ");
        eineMethode(42);

        // jetzt ein ungültiger
        System.out.print("eineMethode(-1): ");
        eineMethode(-1);
    }

    public static void eineMethode(int iWert)
    {
        assert (iWert >= 0) : "Der Parameter ist negativ: " + iWert;
        System.out.println(iWert + " ist OK.");
    }
}
```

Die Bildschirmausgabe sieht dann schon etwas aufschlussreicher aus:

```
eineMethode(42): 42 ist OK.
eineMethode(-1): Exception in thread "main" java.lang.AssertionError:
        Der Parameter ist negativ: -1
        at SimpleAssertionApp2.eineMethode(SimpleAssertionApp2.java:14)
        at SimpleAssertionApp2.main(SimpleAssertionApp2.java:10)
```

**27.** `AssertionError` ist eine Spezialisierung der Klasse `Throwable`, von der auch alle Exception-Klassen abgeleitet sind. Dementsprechend können sie auch in einem `catch`-Block gefangen und behandelt werden.
Schreiben Sie eine neue Anwendung `CatchAssertionApp`, die eine weitere Abwandlung des `SimpleAssertionApp`-Themas ist. Diesmal soll das Programm aber nicht bei einem falschen Methodenaufruf abgebrochen werden! Stattdessen ist eine kurze Fehlermeldung auszugeben und mit einem anschließenden dritten Methodenaufruf fortzufahren!

**Lösung:**

Die Lösung unterscheidet sich kaum vom Fangen einer Exception:

```
public class CatchAssertionApp
{
    public static void main(String[] args)
    {
        try
        {
            // erst mal ein gültiger Aufruf
            System.out.print("eineMethode(42): ");
            eineMethode(42);
        } catch (AssertionError ae)
        {
            System.out.println("Fehler! " + ae.getMessage());
        }

        try
        {
            // jetzt ein ungültiger
            System.out.print("eineMethode(-1): ");
            eineMethode(-1);
        } catch (AssertionError ae)
        {
            System.out.println("Fehler! " + ae.getMessage());
        }

        try
        {
           // und wieder ein gültiger
            System.out.print("eineMethode(84): ");
            eineMethode(84);
        } catch (AssertionError ae)
        {
            System.out.println("Fehler! " + ae.getMessage());
        }
    }

    public static void eineMethode(int iWert)
    {
        assert (iWert >= 0) : "Der Parameter ist negativ: " + iWert;
        System.out.println(iWert + " ist OK.");
    }
}
```

**28.** Die Klasse Throwable (und somit auch die davon abgeleiteten Klassen AssertionError und Exception) bietet ein ebenfalls in Java 1.4 hinzugekommenes Feature an, das es erlaubt, den Stack Trace in beliebiger Form auszugeben. Die etwas unübersichtliche und in vielen Fällen schwer zu dechiffrierende Ausgabe der Methode printStackTrace() lässt sich so durch eine bequemer zu lesende eigene Ausgabe ablösen. Dazu wird einfach mit der Methode getStackTrace() eine programmatisch zu verarbeitende Fassung des Stack Trace im Form eines Arrays vom Throwable-Objekt geholt und verarbeitet.
Variieren Sie das SimpleAssertionApp-Thema ein weiteres Mal im neu zu erstellenden Programm TraceAssertionApp. Wenn eineMethode() in diesem Programm aufgerufen wird, soll eine nett formatierte Ausgabe wie die folgende ausgegeben werden:

```
eineMethode(-1):

AssertionError
--------------
-> Klasse:  TraceAssertionApp
-> Methode: eineMethode
-> Meldung: Der Parameter ist negativ: -1
```

**Lösung:**

Jeder Frame des Stack Trace (also jeder Schritt, den das Throwable-Objekt durch die Applikation getan hat) wird durch ein Objekt der Klasse StackTraceElement abgebildet. Objekte dieser Klasse stellen verschiedene Methoden zur Verfügung, die Informationen über den jeweiligen Schritt zurückgeben, so z.B. die Klasse oder den Methodennamen. getStackTrace() liefert gleich ein ganzes Array dieser Objekte zurück, die den gesamten Stack Trace repräsentieren. Das erste dieser Elemente mit dem Index 0 repräsentiert den Frame, in dem das Throwable-Objekt erzeugt und geworfen wurde. In diesem Lösungsvorschlag gibt es nur dieses eine Element im Array und es ist auch dasjenige, welches ausgegeben werden soll.

```
public class TraceAssertionApp
{
    public static void main(String[] args)
    {
        try
        {
            // jetzt ein ungültiger
            System.out.print("eineMethode(-1): ");
            eineMethode(-1);
        } catch (AssertionError ae)
        {
            printAssertionStackTrace(ae);
        }
    }

    public static void eineMethode(int iWert)
    {
        assert (iWert >= 0) : "Der Parameter ist negativ: " + iWert;
        System.out.println(iWert + " ist OK.");
    }

    public static void printAssertionStackTrace(AssertionError ae)
```

```
    {
        StackTraceElement[] elements = ae.getStackTrace();
        StackTraceElement   element  = elements[ 0 ];
        System.out.println("\n\nAssertionError");
        System.out.println("--------------");
        System.out.println("-> Klasse:  " + element.getClassName());
        System.out.println("-> Methode: " + element.getMethodName());
        System.out.println("-> Meldung: " + ae.getMessage());
    }
}
```

**29.** Erweitern Sie den Lösungsvorschlag zur vorhergehenden Aufgabe. Formulieren Sie die Methode `printAssertionStackTrace()` so um, dass als zusätzliche Informationen die Quelltextdatei und die Zeilennummer der nicht erfüllten Assertion ausgegeben werden. Diese Informationen sind äußerst nützlich bei der Fehlersuche:

```
eineMethode(-1):

AssertionError
--------------
-> Klasse:  TraceAssertionApp
-> Methode: eineMethode
-> Datei:   TraceAssertionApp.java
-> Zeile:   14
-> Meldung: Der Parameter ist negativ: -1
```

**Lösung:**

Die Erweiterung beschränkt sich auf zwei neue Zeilen innerhalb der Methode `printAssertionStackTrace()`, die damit so aussieht:

```
public static void printAssertionStackTrace(AssertionError ae)
{
    StackTraceElement[] elements = ae.getStackTrace();
    StackTraceElement   element  = elements[0];
    System.out.println("\n\nAssertionError");
    System.out.println("--------------");
    System.out.println("-> Klasse:  " + element.getClassName());
    System.out.println("-> Methode: " + element.getMethodName());
    System.out.println("-> Datei:   " + element.getFileName());
    System.out.println("-> Zeile:   " + element.getLineNumber());
    System.out.println("-> Meldung: " + ae.getMessage());
}
```

**30.** Natürlich lässt sich mithilfe von `getStackTrace()` auch der gesamte Stack Trace in einer übersichtlichen Form wie der folgenden anzeigen. Erweitern Sie das Programm `TraceAssertionApp` aus der vorhergehenden Aufgabe zu `TraceAssertionApp2`, das die gezeigte Ausgabe erzeugt, wenn die Assertion fehlschlägt.

```
eineMethode(-1):

AssertionError
--------------
-> Meldung: Der Parameter ist negativ: -1

-> Klasse:  TraceAssertionApp2
-> Methode: eineAndereMethode
-> Datei:   TraceAssertionApp2.java
-> Zeile:   14

-> Klasse:  TraceAssertionApp2
-> Methode: eineMethode
-> Datei:   TraceAssertionApp2.java
-> Zeile:   19

-> Klasse:  TraceAssertionApp2
-> Methode: main
-> Datei:   TraceAssertionApp2.java
-> Zeile:   7
```

**Lösung:**

Hier ändert sich nur die Methode `printAssertionStackTrace()`, die nun das Array mit den `Stack-TraceElement`-Objekten in einer Schleife durchläuft und die Informationen zu jedem Frame ausgibt. Für die Assertion gültige Informationen (hier nur die Fehlermeldung) werden natürlich nur einmal ausgegeben. Und um die Ausgabe etwas interessanter zu gestalten, wird die Assertion nun zusätzlich durch eine weitere Methode geschleust.

```
public class TraceAssertionApp2
{
    public static void main(String[] args)
    {
        try
        {
            // jetzt ein ungültiger
            System.out.print("eineMethode(-1): ");
            eineMethode(-1);
        } catch (AssertionError ae)
        {
            printAssertionStackTrace(ae);
        }
    }

    public static void eineAndereMethode(int iWert)
    {
        assert (iWert >= 0) : "Der Parameter ist negativ: " + iWert;
        System.out.println(iWert + " ist OK.");
    }

    public static void eineMethode(int iWert)
    {
        eineAndereMethode(iWert);
    }
```

```
    public static void printAssertionStackTrace(AssertionError ae)
    {
        System.out.println("\n\nAssertionError");
        System.out.println("--------------");
        System.out.println("-> Meldung: " + ae.getMessage() + "\n");

        // alle Trace-Elemente holen und in einer Schleife ausgeben
        StackTraceElement[] elements = ae.getStackTrace();
        for (int i = 0; i < elements.length; i++)
        {
           StackTraceElement   element  = elements[i];
           System.out.println("-> Klasse:  " + element.getClassName());
           System.out.println("-> Methode: " + element.getMethodName());
           System.out.println("-> Datei:   " + element.getFileName());
           System.out.println("-> Zeile:   " + element.getLineNumber());
           System.out.print("\n");
        }
    }
}
```

# Modul 9

# Ein- und Ausgabe

Um eine Software mit ihrer „Umwelt“ verbinden zu können, muss man Ein- und Ausgabe-Funktionen benutzen. Darunter wird im Allgemeinen all das verstanden, was es dem Programm ermöglicht, von Geräten wie Tastaturen oder Laufwerken Daten einzulesen und nach der Verarbeitung auf Bildschirme, Drucker oder Festplatten wieder auszugeben.

Dazu gehört auch, dass Objekte persistent gemacht, also auf Datenträgern gespeichert und von dort wieder eingelesen werden können.

**Sie sollten wissen**

- welche verschiedenen Dateitypen es gibt
- wie Daten aus diesen Dateien gelesen werden
- wie Daten in diese Dateien geschrieben werden
- welche Klassen des Java-API E/A-Routinen zur Verfügung stellen
- wie man mit möglichen Fehlern bei der E/A umgeht

## 9.1 Standard-E/A-Kanäle

**1.** Welches sind die drei Standard-Streams, die Java kennt, und mit welchen Geräten sind diese standardmäßig verbunden?

**Lösung:**

- Über `System.in` werden Tastatureingaben eingelesen.
- Über `System.out` werden Bildschirmanzeigen ausgegeben.
- Über `System.err` werden Fehlermeldungen auf den Bildschirm ausgegeben.

**2.** Um Objekte welcher Klassen handelt es sich bei den Objekten `System.in`, `System.out` und `System.err`?

**Lösung:**

Die beiden Ausgabeobjekte gehören zur Klasse `java.io.PrintStream`, während `System.in` zur Klasse `java.io.InputStream` gehört.

**3.** Die Standard-E/A-Kanäle stehen Ihnen in jedem Programm zur Verfügung, ohne dass Sie explizit diese Objekte erstellen müssten. Wie kommt das?

**Lösung:**

Alle drei Kanäle sind statische Elemente der Klasse `java.lang.System`. Somit sind sie während der gesamten Programmlaufzeit verfügbar, ohne dass Sie sich selbst darum kümmern müssen.

**4.** Alle Java-Streams arbeiten nach dem FIFO-Prinzip. Was besagt dieses Prinzip?

**Lösung:**

FIFO ist die Abkürzung für ***F****irst* ***I****n* ***F****irst* ***O****ut*. Dementsprechend werden alle Daten in exakt der Reihenfolge aus einem Stream wieder herausgelesen, in der sie hineingeschrieben worden sind.

**5.** Der Standard-Fehler-Stream ist normalerweise mit dem Bildschirm verbunden, sodass Ausgaben über `System.err` sich für den Anwender nicht von Ausgaben über `System.out` unterscheiden. Warum gibt es dennoch einen separaten Stream für Fehlermeldungen?

**Lösung:**

Der Fehler-Stream lässt sich auf andere Ziele wie beispielsweise eine Datei umlenken. Somit würden alle Fehler protokolliert und nicht dem Benutzer angezeigt.

**6.** Schreiben Sie ein Programm namens `ErrorStreamApp`, das den Fehler-Stream auf eine Datei umleitet und einige Meldungen dorthin ausgibt.

**Lösung:**

Die Klasse `System` stellt neben dem statischen Stream-Objekt `err` auch eine Methode zur Verfügung, die an diesen Stream gesendeten Daten auf einen anderen Stream umzuleiten. `setErr()` erwartet einen Parameter vom Typ `PrintStream`, der als neues Ziel für die Ausgabe fungieren soll. Ein solcher `PrintStream` kann seinerseits mit einem `FileOutputStream` verknüpft sein, der die Daten schlussendlich in eine Datei ausgibt:

```
import java.io.FileOutputStream;
import java.io.PrintStream;
import java.io.IOException;

public class ErrorStreamApp
{
    public static void main(String[] args)
    {
        // über 2 Streams den Fehlerkanal auf eine Datei umbiegen
```

```
        try
        {
            FileOutputStream datei;
            PrintStream      errPrint;
            datei    = new FileOutputStream("error.log");
            errPrint = new PrintStream(datei, true);
            System.setErr(errPrint);
        } catch (IOException e)
        {
            System.out.println("E/A-Fehler: " + e.getMessage());
        }

        // einige Zeilen ausgeben
        System.out.println("Bildschirm Zeile 1");
        System.err.println("Datei Zeile 1");
        System.out.println("Bildschirm Zeile 2");
        System.err.println("Datei Zeile 2");
        System.out.println("Bildschirm Zeile 3");
        System.err.println("Datei Zeile 3");
    }
}
```

**7.** Erstellen Sie ein Programm, das den Standard-Eingabekanal `System.in` auf eine Textdatei umlenkt. Der Inhalt der Datei soll (über `System.in`) ausgelesen und auf dem Bildschirm ausgegeben werden.

**Lösung:**

Der Standard-Eingabekanal lässt sich mithilfe der Methode `System.setIn()` umlenken. Dazu muss man allerdings ein Objekt der Klasse `BufferedInputStream` haben, das wiederum über einen `FileInputStream` mit der Datei verbunden ist. Anschließend kann mittels eines `BufferedReaders` (der seinerseits mit einem `InputStreamReader` verbunden ist) über `System.in` auf den Inhalt der Datei zugegriffen werden. Dieser Vorgang unterscheidet sich dann nicht mehr vom Auslesen einer Benutzereingabe über die Tastatur!

```
import java.io.IOException;
import java.io.FileInputStream;
import java.io.BufferedInputStream;
import java.io.InputStreamReader;
import java.io.BufferedReader;

public class InputStreamApp
{
    public static void main(String[] args)
    {
        FileInputStream     datei;
        BufferedInputStream in;

        try
        {
            // Streams erzeugen und System.in auf eine Datei umlenken
```

```
            datei = new FileInputStream("liesmich.txt");
            in    = new BufferedInputStream(datei);
            System.setIn(in);

            // Reader zum Zugriff auf System.in erstellen
            InputStreamReader reader = new InputStreamReader(System.in);
            BufferedReader    puffer = new BufferedReader(reader);

            // die Eingabe (aus System.in!) verarbeiten
            String  eingabe;
            eingabe = puffer.readLine();
            while (eingabe != null)
            {
                System.out.println(eingabe);
                eingabe = puffer.readLine();
            }
        } catch (IOException e)
        {
            System.out.println("E/A-Fehler: " + e.getMessage());
        }
    }
}
```

# 9.2 Dateiverarbeitung und Objektpersistenz

**8.** Schreiben Sie eine Applikation, die 50.000 Zufallswerte vom Typ `double` in eine Datei namens *zahlen.dat* schreibt.

**Lösung:**

Die Zufallszahlen selbst können mit der Klasse `java.util.Random` erzeugt werden. Deren `nextDouble()`-Methode liefert jeweils einen (pseudo-)zufälligen `double`-Wert zwischen 0 und 1. Die Ausgabe in eine Datei erfolgt dann über einen `DataOutputStream`, der mit einem `FileOutputStream` verbunden ist:

```
import java.io.FileOutputStream;
import java.io.DataOutputStream;
import java.io.IOException;
import java.util.Random;

public class FillDoubleFileApp
{
    protected static final int ANZAHL_ZAHLEN = 50000;

    public static void main(String[] args)
    {
        try
        {
```

```
            // Streams zur Ausgabe der Datei
            FileOutputStream datei = new FileOutputStream("zahlen.dat");
            DataOutputStream out   = new DataOutputStream(datei);

            // Zufallsgenerator
            Random    randomGen = new Random();

            // Datei in einer Schleife füllen
            System.out.println("Bitte einen Moment Geduld ...");
            for (int i = 0; i < ANZAHL_ZAHLEN; i++)
            {
                out.writeDouble(randomGen.nextDouble());
            }
            System.out.println("Die Datei wurde geschrieben.");
        } catch (IOException e)
        {
            System.out.println("E/A-Fehler: " + e.getMessage());
        }
    }
}
```

**9.** Für die vorhergehende Aufgabe haben Sie ein Programm entwickelt, das eine Datei mit 50.000 zufälligen `double`-Werten gefüllt hat. Jetzt soll der arithmetische Mittelwert über diese Zahlen gebildet werden. Schreiben Sie also ein Programm, das die Datei wieder einliest, das arithmetische Mittel berechnet und dieses ausgibt.

**Lösung:**

Über einen `DataInputStream` und einen `FileInputStream` kommt man wieder an den Inhalt der Datei heran. Diesen muss man nur noch aufsummieren und die Anzahl der eingelesenen Werte mitzählen. Dann lässt sich mit einer Division das arithmetische Mittel bilden:

```
import java.io.FileInputStream;
import java.io.DataInputStream;
import java.io.IOException;
import java.io.EOFException;

public class ReadDoubleFileApp
{
    public static void main(String[] args)
    {
        // Hilfsvariablen zur Berechnung
        double summeWerte  = 0;
        int    anzahlWerte = 0;

        try
        {
            // Streams zum Auslesen der Datei
            FileInputStream datei = new FileInputStream("zahlen.dat");
            DataInputStream in    = new DataInputStream(datei);
```

```
                // Datei in einer Endlosschleife auslesen
                System.out.println("Bitte einen Moment Geduld ...");
                while (true)
                {
                    summeWerte += in.readDouble();
                    anzahlWerte++;
                }
            } catch (EOFException e)
            {
                System.out.println("Datei wurde eingelesen.");
            } catch (IOException e)
            {
                System.out.println("E/A-Fehler: " + e.getMessage());
            }

            // Mittelwert bilden
            double arithMittel = summeWerte / anzahlWerte;
            System.out.println("arithmetisches Mittel: " + arithMittel);
        }
    }
```

**10.** Implementieren Sie die im nebenstehenden UML-Diagramm gezeigte Klasse `Aufgabe`. Sie bildet einen Eintrag einer klassischen Todo-Liste ab, wobei jeder Arbeitsauftrag eine Bezeichnung, eine Priorität und einen aktuellen Status besitzt. Für Status und Priorität sind jeweils drei verschiedene Werte erlaubt, die in statischen Konstanten definiert sind. Auf eine Überprüfung der Werte im Konstruktor soll verzichtet werden. Die Klasse soll serialisierbar sein, da die nächste Aufgabe ihre Objekte in einer Datei speichern wird!
Die Methode `toString()` soll die Aufgabe im folgenden dreizeiligen Format zurückgeben:

```
Aufgabe:   Abwaschen
Priorität: niedrig
Status:    offen
```

Implementieren Sie die Methoden `prioToString()` und `statusToString()`, um Prioritäten und Status in Klartext zu konvertieren.

| **Aufgabe** |
|---|
| bezeichnung<br>status<br>{OPEN, CLOSED, COMPLETED}<br>prioritaet<br>{LOW, NORMAL, HIGH} |
| Aufgabe(bez, prio, status)<br>toString()<br>prioToString(prio)<br>statusToString(status) |

**Lösung:**

```
import java.io.Serializable;

public class Aufgabe implements Serializable
{
    // Attribute
    protected String       bezeichnung;
    protected short        prioritaet;
    protected short        status;

    // statische Attribute - Prioritäten
    public static final short   PRIO_LOW        = 0;
    public static final short   PRIO_NORMAL     = 1;
    public static final short   PRIO_HIGH       = 2;

    // statische Attribute - Status
    public static final short   STATE_OPEN      = 0;
    public static final short   STATE_WORKING   = 1;
    public static final short   STATE_COMPLETED = 2;

    public Aufgabe(String bez, short prio, short stat)
    {
        bezeichnung = bez;
        prioritaet  = prio;
        status      = stat;
    }

    public String toString()
    {
        String retWert;
        retWert  = "Aufgabe:   " + bezeichnung + "\n";
        retWert += "Priorität: " + prioToString(prioritaet) + "\n";
        retWert += "Status:    " + statusToString(status);
        return retWert;
    }

    public static String prioToString(short prioritaet)
    {
        String retWert;
        switch (prioritaet)
        {
            case PRIO_LOW:
                retWert = "niedrig";
                break;
            case PRIO_NORMAL:
                retWert = "normal";
                break;
            case PRIO_HIGH:
                retWert = "hoch";
                break;
            default:
                retWert = "unbekannt";
        }
```

```
        return retWert;
    }

    public static String statusToString(short status)
    {
        String retWert;
        switch (status)
        {
            case STATE_OPEN:
                retWert = "offen";
                break;
            case STATE_WORKING:
                retWert = "in Arbeit";
                break;
            case STATE_COMPLETED:
                retWert = "fertig";
                break;
            default:
                retWert = "unbekannt";
        }
        return retWert;
    }
}
```

**11.** Schreiben Sie eine Applikation, die einige Instanzen der in der vorherigen Aufgabe entwickelten Klasse `Aufgabe` erzeugt und diese in eine Datei schreibt. Anschließend soll die Datei wieder ausgelesen und die Aufgaben auf den Bildschirm ausgegeben werden.

**Lösung:**

Wenn eine Klasse das Interface `Serializable` implementiert, lassen sich ihre Objekte mit der Methode `writeObject()` der Klasse `OutputObjectStream` serialisieren und in den Stream eingeben. Verknüpft man diesen Stream noch mit einer Datei, so kann man die Objekte auf der Festplatte speichern. Umgekehrt lassen sie sich mit einem `ObjectInputStream` wieder einlesen.

```
import java.io.FileOutputStream;
import java.io.FileInputStream;
import java.io.ObjectOutputStream;
import java.io.ObjectInputStream;
import java.io.IOException;
import java.io.EOFException;

public class ToDoApp
{
    protected static Aufgabe[] liste = new Aufgabe[3];

    public static void main(String[] args)
    {
        listeSchreiben();
        listeLesen();
    }
```

```
    protected static void listeSchreiben()
    {
        // einige Aufgaben-Objekte erzeugen
        Aufgabe a1 = new Aufgabe("Abwaschen",
                                Aufgabe.PRIO_LOW,
                                Aufgabe.STATE_OPEN);
        Aufgabe a2 = new Aufgabe("Staubwischen",
                                Aufgabe.PRIO_NORMAL,
                                Aufgabe.STATE_WORKING);
        Aufgabe a3 = new Aufgabe("Kochen",
                                Aufgabe.PRIO_HIGH,
                                Aufgabe.STATE_COMPLETED);

        // jetzt die Objekte speichern
        try
        {
            FileOutputStream   datei = new FileOutputStream("todo.dat");
            ObjectOutputStream out   = new ObjectOutputStream(datei);

            out.writeObject(a1);
            out.writeObject(a2);
            out.writeObject(a3);
            datei.close();
        } catch (IOException e)
        {
            System.out.println("E/A-Fehler: " + e.getMessage());
        }
    }

    protected static void listeLesen()
    {
        Aufgabe tempAufgabe;

        try
        {
            FileInputStream   datei = new FileInputStream("todo.dat");
            ObjectInputStream in    = new ObjectInputStream(datei);

            while (true)
            {
                tempAufgabe = (Aufgabe)in.readObject();
                System.out.println(tempAufgabe + "\n");
            }
        } catch (EOFException e)
        {
        } catch (Exception e)
        {
            System.out.println("Fehler: " + e.getMessage());
        }
    }
}
```

**12.** Schreiben Sie eine Applikation namens `FileStatisticApp`, die die Anzahl von Wörtern und Zeichen in einer Textdatei ermittelt und diese Informationen auf den Bildschirm ausgibt. Dabei sollen Trennzeichen zwischen Wörtern (also Leerzeichen und Tabulatoren) nicht als Zeichen gezählt werden. Achten Sie auch darauf, dass jedes Wort nur einmal gezählt wird – auch wenn einmal zwei Leerzeichen zwischen Wörtern stehen!
Nutzen Sie die Klasse `java.lang.Character`, um festzustellen, ob es sich bei einzelnen Zeichen um ein Trennzeichen („Whitespace") handelt oder nicht.

**Lösung:**

Zur Lösung dieser Aufgabe ist es am besten, die Datei zeichenweise auszulesen. So kann bei jedem Zeichen einzeln geprüft werden, ob es ein Whitespace ist oder nicht. Eine Variable vom Typ `boolean` hilft dabei, doppelte Trennzeichen zu erkennen und zu ignorieren.

```
import java.io.BufferedInputStream;
import java.io.FileInputStream;
import java.io.IOException;

public class FileStatisticApp
{
    public static void main(String[] args)
    {
        int     anzZeilen  = 0;
        int     anzWorte   = 0;
        int     anzZeichen = 0;
        int     zeichen    = 0;
        boolean imWort     = false;

        try
        {
            // Streams, um die Datei einzulesen
            FileInputStream  datei = new FileInputStream("wette.txt");
            BufferedInputStream in = new BufferedInputStream(datei);

            // das erste Zeichen lesen
            zeichen = in.read();

            // Schleife über den Rest der Datei
            while (zeichen > -1)
            {
                if (Character.isWhitespace((char)zeichen))
                {
                    // ein Trennzeichen zwischen zwei Wörtern
                    if (imWort)
                    {
                        // dieses Trennzeichen "gilt"
                        anzWorte++;
                        imWort = false;
                    } else
                    {
                        // das Zeichen zuvor war schon Trennzeichen
                        // => dieses ignorieren
```

```
                }
            } else
            {
                // ein "normaler" Buchstabe
                anzZeichen++;
                imWort = true;
            }
            // nächstes Zeichen lesen
            zeichen = in.read();
        }

        // Ergebnis ausgeben
        System.out.println("Wörter:  " + anzWorte);
        System.out.println("Zeichen: " + anzZeichen);
    } catch (IOException e)
    {
        System.out.println("E/A-Fehler: " + e.getMessage());
    }
  }
}
```

**13.** Entwickeln Sie ein Programm, dem über die Kommandozeile ein Verzeichnispfad übergeben werden kann. Es soll – wie in diesem Beispiel gezeigt – alle Dateien und Unterverzeichnisse (sowie deren Inhalte) dieses Pfades in einer Baumansicht auf dem Bildschirm anzeigen (siehe nachfolgendes Listing).
Hinter Dateinamen sollen auch die Dateigrößen ausgegeben werden, hinter Verzeichnisnamen hingegen nicht. Achten Sie auch auf eine saubere Formatierung der Ausgabe – die untergeordneten Hierarchieebenen sollen ordentlich eingerückt werden und alle Größenangaben einer Ebene exakt untereinander stehen!

```
kapitel 9
  Kapitel 9.doc              87552
  kapitel_9_abb_1.pcx        65974
  source
    DirectoryTreeApp
      DirectoryTreeApp.class       1298
      DirectoryTreeApp.java        1461
    InputStreamApp
      InputStreamApp.class         1076
      InputStreamApp.java          1144
      liesmich.txt                 398
    ToDoApp
      Aufgabe.class                1352
      Aufgabe.java                 2009
      todo.dat                     145
      ToDoApp.class                1708
      ToDoApp.java                 1843
```

**Lösung:**

Diese Aufgabe ist ein typisches Beispiel für rekursive Funktionsaufrufe. Die Methode `dirAusgeben()` wird beim Programmstart einmal initial aufgerufen. Anschließend ruft sie sich so lange selbst auf, bis alle Ebenen der Verzeichnishierarchie durchgearbeitet worden sind. Die größte Herausforderung dabei ist, die Einrückung vorzunehmen. Dazu muss bei jedem Aufruf die jeweilige Ebenentiefe mit übergeben werden.

```
import java.io.File;

public class DirectoryTreeApp
{
    public static void main(String[] args)
    {
        File   rootFolder = new File(args[0]);
        dirAusgeben(rootFolder, 0);
    }

    protected static void dirAusgeben(File folder, int ebene)
    {
        // für die richtige Einrückung sorgen
        String prefix = "";
        for (int i = 0; i < ebene; i++)
        {
            prefix += "  ";
        }

        // Verzeichnisnamen ausgeben
        System.out.println(prefix + folder.getName());

        // enthaltene Dateien auflisten
        String[] dateiListe = new String[1024];
        dateiListe = folder.list();
        for (int i = 0; i < dateiListe.length; i++)
        {
            File datei = new File(folder, dateiListe[i]);

            if (datei.isDirectory())
            {
                // der Eintrag ist ein Verzeichnis
                dirAusgeben(datei, ebene+1);
            } else
            {
                // der Eintrag ist eine einfache Datei
                String ausgabe = prefix + "  " + dateiListe[i];
                System.out.print(ausgabe);
                // Größe ausgeben, die Positionierung ist schwierig
                String leerzeichen = "";
                int    anzLeerzeichen = ebene*2+30-ausgabe.length();
                for (int j = 0; j < anzLeerzeichen; j++)
                {
                    leerzeichen += " ";
                }
                System.out.println(leerzeichen + datei.length());
```

```
            }
        }
    }
}
```

## 9.3 Interessante Möglichkeiten

**14.** Das Paket `java.util.zip` enthält die Klassen `ZipFile` und `ZipEntry`, mit deren Hilfe man den Inhalt von ZIP-Archiven erkunden und bei Bedarf verändern kann.
Schreiben Sie eine Applikation namens `ZipInfoApp`, die Informationen zu einem ZIP-Archiv und den darin enthaltenen Dateien in der unten angegebenen Form auf den Bildschirm ausgibt. Informationen zu archivierten Verzeichnissen sollen nicht ausgegeben werden.
Um die Ausgabe schön leserlich zu gestalten, sollen alle Spalten (wie im Beispiel gezeigt) exakt untereinander ausgerichtet werden. Mit einer kleinen Hilfsmethode, die einen String bis zu einer bestimmten Breite mit Leerzeichen auffüllt, ist das im Handumdrehen erledigt!

```
ZIP-Info
========
ZIP-Archiv:     test.zip
Anzahl Dateien: 4

ReadDoubleFileApp/ReadDoubleFileApp.class        1127      689
ReadDoubleFileApp/ReadDoubleFileApp.java         1136      460
ReadDoubleFileApp/zahlen.dat                     400000    376765
```

**Lösung:**

Allgemeine Informationen zum Archiv (wie die Anzahl der enthaltenen Dateien) bekommt man über das `ZipFile`-Objekt heraus. Dieses liefert auch eine Liste aller enthaltenen Elemente, die durch `ZipEntry`-Objekte abgebildet werden. Deren Methoden wiederum geben Dateinamen und -größen zurück.

Die spaltenweise Formatierung erfolgt mithilfe der Methode `spalte()`, die einen ihr übergebenen String bis zur angegebenen Länge mit Leerzeichen auffüllt. So lässt sich mit einigen hintereinander geschalteten `print()`-Aufrufen eine sauber formatierte Liste ausgeben.

**Hinweis**

Im Zeitalter grafischer Benutzeroberflächen erscheint diese Vorgehensweise, eine Liste auszugeben, etwas antiquiert. In der Praxis werden Sie wohl kaum noch mit einer solchen Aufgabe konfrontiert werden. Aber auch hier gilt wieder der Hinweis auf den Übungseffekt, für den keine Notwendigkeit grafischer Spielereien gegeben ist. Wenn Sie die Programmierung von Java-GUIs in Angriff nehmen, können Sie dieses Beispiel ja noch einmal herausholen und zeitgemäß gestalten.

```
import java.io.IOException;
import java.util.Enumeration;
```

```
import java.util.zip.ZipFile;
import java.util.zip.ZipEntry;

public class ZIPInfoApp
{
    public static void main(String[] args)
    {
        try
        {
            // Zip-Archiv öffnen
            ZipFile archiv = new ZipFile("test.zip");

            // allgemeine Infos ausgeben
            System.out.println("ZIP-Info");
            System.out.println("========");
            System.out.println("ZIP-Archiv:     " + archiv.getName());
            System.out.println("Anzahl Dateien: " + archiv.size());
            System.out.println("");

            // eine Liste aller enthaltenen Dateien ausgeben
            Enumeration eintraege = archiv.entries();
            while (eintraege.hasMoreElements())
            {
                String   hilfe;
                ZipEntry eintrag = (ZipEntry)eintraege.nextElement();

                // keine Verzeichnisse anzeigen
                if (!eintrag.isDirectory())
                {
                    // Dateiname
                    System.out.print(spalte(eintrag.getName(), 50));

                    // Dateigröße (unkomprimiert)
                    hilfe = Long.toString(eintrag.getSize());
                    System.out.print(spalte(hilfe, 10));

                    // Dateigröße (komprimiert)
                    hilfe = Long.toString(eintrag.getCompressedSize());
                    System.out.println(spalte(hilfe, 10));
                }
            }

            // Zip-Archiv schließen
            archiv.close();
        } catch (IOException e)
        {
            System.out.println("E/A-Fehler: " + e.getMessage());
        }
    }

    protected static String spalte(String s, int breite)
    {
        int anzLeerzeichen = breite-s.length();
```

```
        for (int i = 0; i < anzLeerzeichen; i++)
            s += " ";
        return s;
    }
}
```

**15.** Es ist auch ohne weiteres möglich, den Inhalt einer Datei im ZIP-Archiv auszulesen, ohne sie zuvor wieder zu entpacken und auf die Festplatte zu schreiben. Um das zu demonstrieren, sind Sie nun gefragt, eine Applikation namens `ZIPViewApp` zu schreiben. `ZIPViewApp` soll ein ZIP-Archiv, das ausschließlich Textdateien enthält, öffnen, aber nicht entpacken. Die Inhalte der Dateien sollen nacheinander ausgelesen und auf den Bildschirm ausgegeben werden.

**Lösung:**

Die einzelnen Einträge des Archivs lassen sich wie bereits im Lösungsvorschlag zur vorhergehenden Aufgabe gezeigt durcharbeiten. Mit der `getInputStream()`-Methode lässt sich dann ein Stream zum (unkomprimierten) Inhalt der jeweiligen Datei öffnen.

```
import java.io.IOException;
import java.io.InputStreamReader;
import java.io.BufferedReader;
import java.io.InputStream;
import java.util.Enumeration;
import java.util.zip.ZipFile;
import java.util.zip.ZipEntry;

public class ZIPViewApp
{
    public static void main(String[] args)
    {
        try
    {
            // Zip-Archiv öffnen
            ZipFile archiv = new ZipFile("texte.zip");

            // eine Liste aller enthaltenen Dateien holen
            Enumeration eintraege = archiv.entries();
            while (eintraege.hasMoreElements())
            {
                // Eintrag selektieren
                ZipEntry eintrag = (ZipEntry)eintraege.nextElement();

                // Streams erzeugen und verbinden
                InputStream       in = archiv.getInputStream(eintrag);
                InputStreamReader read      = new InputStreamReader(in);
                BufferedReader    bufReader = new BufferedReader(read);

                // Dateiinhalt ausgeben
                String zeile;
```

```
                System.out.println("Inhalt >"+eintrag.getName()+"<\n");

                while ((zeile = bufReader.readLine()) != null)
                {
                    System.out.println(zeile);
                }
            }
        } catch (IOException e)
        {
            System.out.println("E/A-Fehler: " + e.getMessage());
        }
    }
}
```

**16.** Schreiben Sie ein Programm, das einen Systembefehl auf Ihrem Rechner ausführt und dessen Ausgabe unbearbeitet auf `System.out` ausgibt. Nutzen Sie dazu die Klassen `java.lang.Runtime` und `java.lang.Process`.
Wenn Sie unter Windows arbeiten, nehmen Sie beispielsweise `IPCONFIG`, um die Konfiguration des *Internet-Protocols* anzuzeigen. Unter UNIX/Linux böte sich vielleicht ein `ps -ef` an. Die Wahl des Befehls ist aber Ihnen überlassen.

**Lösung:**

Über ein `Runtime`-Objekt und dessen `exec()`-Methode lässt sich ein neuer Systemprozess starten, der durch ein Objekt der Klasse `Process` repräsentiert wird. Die Ausgabe dieses Objekts wiederum lässt sich anzapfen, indem man mit der `getInputStream()`-Methode eine Stream-Anbindung herstellt und die darauf erfolgenden Ausgaben einfach umleitet:

```
import java.io.InputStream;
import java.io.InputStreamReader;
import java.io.BufferedReader;
import java.io.IOException;

public class SystemBefehlApp
{
    public static void main(String args[])
    {
        String ausgabe = null;

        try
        {
            // Befehl ausführen
            // ACHTUNG: plattformabhängig!
            Process proc = Runtime.getRuntime().exec("ipconfig");

            // eine Stream-Verbindung zum neuen Prozess herstellen
            InputStream       input     = proc.getInputStream();
            InputStreamReader reader    = new InputStreamReader(input);
            BufferedReader    bufReader = new BufferedReader(reader);

            // Ausgabe des Befehls lesen und auf den Bildschirm ausgeben
```

```
            System.out.println("Ausgabe von IPCONFIG:\n");
            while ((ausgabe = bufReader.readLine()) != null) {
                System.out.println(ausgabe);
            }
        } catch (IOException e)
        {
            System.out.println("E/A-Fehler: " + e.getMessage());
        }
    }
}
```

# Anhang – die Tools des SDK 1.4

Im Lieferumfang des SDK 1.4 sind eine Reihe von Tools enthalten, die Sie bei der Entwicklung von Java-Programmen unterstützen sollen. Die beiden wichtigsten sind der Compiler *javac* und der Interpreter *java*.

Wenn Sie einen Blick in das Verzeichnis *c:\j2sdk1.4.0\bin* Ihrer JDK-Installation werfen, werden Sie neben diesen beiden allerdings noch zirka 20 weitere ausführbare Programme finden. Dieser Anhang beschreibt eine Auswahl wichtiger Tools und die Möglichkeiten, die sie zur Verfügung stellen. Auf eine vollständige Übersicht wird hier aus Platzgründen jedoch verzichtet.

## Der Compiler – javac

Der Compiler ist eines der wichtigsten Tools des JDK. Seine Aufgabe ist es, aus Quelltextdateien Bytecode zu erzeugen. *javac* ist übrigens selbst in Java geschrieben. Allerdings wurde der Bytecode plattformspezifisch zu einer ausführbaren Datei gelinkt, so dass er ohne Hilfe einer virtuellen Maschine ausgeführt werden kann. Die allgemeine Syntax lautet:

```
javac [optionen] dateiliste
```

### Beschreibung

Bei seinem Aufruf bekommt *javac* eine beliebige Anzahl von Dateinamen übergeben. Diese Namen bezeichnen Quelltextdateien, also reine Textdateien mit der Endung *.java*. Das Suffix muss beim Compileraufruf mitangegeben werden:

```
javac datei1.java datei2.java datei3.java
```

Die *.java*-Dateien werden der Reihe nach abgearbeitet und entsprechende Klassendateien aus ihnen generiert. Diese haben die gleichen Namen wie ihre jeweiligen Quelltextdateien, tragen statt *.java* allerdings die Endung *.class*. Wenn bei einem der Compiliervorgänge ein Fehler auftritt, wird die betroffene Datei übersprungen und bei der nächsten fortgefahren. Unter der Annahme, dass *datei2.java* fehlerhaft ist, würden Sie nach dem oben gezeigten Aufruf also zusätzlich die Dateien *datei1.class* und *datei3.class* in Ihrem Verzeichnis finden.

**Hinweis**

Sie können in jeder Datei beliebig viele Klassen definieren, von denen aber nur jeweils eine mit dem Modifikator *public* versehen sein darf. Für jede in einer Datei definierten Klasse erzeugt *javac* eine separate Klassendatei. Die Compilierung einer Datei kann also mehrere *.java*-Dateien erzeugen.

Die zu compilierenden Quelltextdateien sucht *javac* in dem Verzeichnis, aus dem heraus er aufgerufen wurde. Sofern nicht mit Hilfe der weiter unten erläuterten Optionen ein anderes Verzeichnis angegeben wurde, landen hier auch die Klassendateien.

Wenn innerhalb einer der zu compilierenden Klassen auf eine andere Klasse verwiesen wird, prüft und compiliert *javac* diese ebenfalls. Dazu wird zunächst im aktuellen Verzeichnis nach dieser Klasse gesucht. Wird sie hier nicht gefunden, werden die in der Umgebungsvariablen *CLASSPATH* angegebenen Verzeichnisse danach durchsucht. Ist sie auch dort nicht auffindbar, bricht der Compiler seine Arbeit mit einer Fehlermeldung ab. Sobald die Klasse aufgespürt wurde, verfährt er hingegen auf eine der folgenden drei Arten weiter:

- Wenn es nur eine Quelltextdatei gibt, wird diese compiliert.
- Wenn es eine Quelltextdatei gibt, deren Modifikationsdatum jünger ist als das der zugehörigen Klassendatei, so wird die Klassendatei ohne erneute Compilierung verwendet.
- Wenn es eine Quelltextdatei gibt, deren Modifikationsdatum älter ist als das der zugehörigen Klassendatei, so wird sie neu compiliert und verwendet.

## Kommandozeilenoptionen

### -classpath *pfad*

Mit Hilfe dieser Option können für die Dauer eines Compiler-Laufs die Standardpfade und die in der Umgebungsvariablen *CLASSPATH* definierten Suchpfade überschrieben werden. Der Aufruf

```
javac -classpath d:\MeineKlassen MyHelloWorld.java
```

compiliert also die Datei *MyHelloWorld.java* und sucht ausschließlich im Verzeichnis *d:\MeineKlassen* nach eventuell referenzierten Klassen.

### -d *verzeichnis*

Mit dieser Option können Sie ein Verzeichnis angeben, in dem die fertigen *.class*-Dateien abgespeichert werden sollen. In diesem Beispiel wird die Klassendatei *HelloWorld.class* im Verzeichnis *c:\HalloLeute* abgelegt:

```
javac -d c:\HalloLeute HelloWorld.java
```

### -g

Durch die Angabe dieser Option wird *javac* veranlasst, Debugging-Informationen in der *.class*-Datei zu speichern. Diese Informationen können vom Debugger *jdb* und dem Disassembler *javap* genutzt werden. Sie beinhalten neben den standardmäßig im Bytecode enthaltenen Zeilennummern beispielsweise Informationen über Variablen.

### -nowarn

Unterdrückt die Ausgabe von Warnungen während des Compilierens. Fehlermeldungen werden aber wie gewohnt ausgegeben.

### -nowrite

Unterdrückt die Erzeugung einer Klassendatei. Der Quelltext wird zwar compiliert und auf Fehler geprüft, eine *.class*-Datei wird aber nicht geschrieben. Benutzen Sie diese Option für kurze Syntax-Kontrollen während der Entwicklung.

### -O

Diese Option veranlasst die Optimierung der generierten Klassendateien. Dadurch können sie später schneller ausgeführt werden, nehmen allerdings einen größeren Umfang an. Außerdem wird die Erzeugung von Zeilennummern unterdrückt, welche vom Debugger benötigt werden. Fertig entwickelte Anwendungen sollten mit dieser Option compiliert werden.

### -verbose

Veranlasst *javac*, während der Compilierung Meldungen über seine derzeitige Tätigkeit auszugeben.

# Der Interpreter – java

Der Interpreter wird in Java auch virtuelle Maschine genannt. Er ist eine ausführbare, plattformspezifische Datei, die beim Aufruf den Namen einer auszuführenden Klasse übergeben bekommt. Die allgemeine Syntax zum Aufruf lautet:

```
java [Interpreteroptionen] klasse [Programmargumente]
```

## Beschreibung

*java* erwartet neben den Kommandozeilenoptionen für seine eigene Ausführung die Übergabe genau eines Klassennamens. Dieser entspricht dem Namen der compilierten *.class*-Datei, allerdings dürfen Sie die Endung *.class* nicht mit angeben. Der einfachste Fall eines Interpreter-Aufrufs ist:

```
java HalloWelt
```

beginnt die Ausführung eines Programms in der *main()*-Methode der angegebenen Klasse. Die Klasse muss als *public* definiert sein. Der Kopf der *main()*-Methode muss definitionsgemäß so aussehen:

```
public static void main(String argumente[])
```

Die beim Aufruf angegebenen Programmargumente werden in einem Array abgelegt und der *main()*-Methode übergeben. Nach der Ausführung der *main()*-Methode wird *java* wieder beendet. Wenn mehrere Threads gestartet werden, läuft der Interpreter bis zur Beendigung des letzten Threads.

Wenn innerhalb von *main()* andere Klassen referenziert werden, lädt *java* diese automatisch zur Laufzeit nach. Die Regeln, nach denen diese Klassen gesucht werden, entsprechen den bereits beim Compiler beschriebenen.

Wenn er ohne Angabe weiterer Optionen gestartet wird, führt *java* standardmäßig eine Verifikation aller über Netzwerk geladener Bytecodes durch. Der Verifier stellt sicher, dass das Programm nicht auf unzulässige Speicherbereiche zugreift und das korrekte Laufzeitprüfungen durchgeführt werden.

## Kommandozeilenoptionen

### -classpath *pfad*

Mit Hilfe dieser Option können für die Dauer eines Interpreter-Laufs die Standardpfade und die in der Umgebungsvariablen *CLASSPATH* definierten Suchpfade überschrieben werden. Der Aufruf

```
java -classpath d:\MeineKlassen MyHelloWorld
```

führt also die Klasse *MyHelloWorld* aus und sucht ausschließlich im Verzeichnis *d:\MeineKlassen* nach eventuell referenzierten Klassen.

### -cs oder -checksource

Durch Verwendung einer dieser Optionen wird java angewiesen, die Modifikationszeiten aller verwendeten Klassen und ihrer Quelldateien zu vergleichen. Wenn vorhandene *.class*-Dateien älter sind als die zugehörigen Quellen, werden sie vor dem Laden neu compiliert.

### -ms speichergröße[k|m]

Mit dieser Option können Sie angeben, wieviel Speicher direkt beim Start einer Klasse reserviert wird. Der Standardwert ist 1 Megabyte, das Minimum 1000 Bytes. Die Größe wird normalerweise in Bytes angegeben, kann aber durch Verwendung der Buchstaben *k* bzw. *m* hinter der Zahl in Kilobyte bzw. Megabyte angegeben werden. Diese Anweisung reserviert beispielsweise zwei Kilobyte Speicher für die Klasse *MyHelloWorld*:

```
java -ms 2k MyHelloWorld
```

Wenn der reservierte Speicher nicht ausreicht, wird während der Laufzeit automatisch neuer hinzu allokiert. Dieser Vorgang wirkt sich allerdings besonders bei großen und speicherintensiven Programmen negativ auf das Laufzeitverhalten aus. Bei solchen Programmen können Sie durch Vergrößerung des Anfangsspeichers die Ausführung beschleunigen.

### -ms speichergröße[k|m]

Durch diese Option können Sie eine Maximalgröße des für die Ausführung verwendeten Speichers festlegen. *java* wird niemals mehr Speicher belegen, als Sie hier festlegen. Das Minimum für diesen Wert sind 1000 Bytes, voreingestellt ist eine Größe von 16 Megabytes.

### -noasyngc

Verwenden Sie diese Option, um eine asynchrone Garbage Collection zu unterdrücken. D.h., dass der Garbage Collector nicht mehr automatisch nicht referenzierte Objekte entfernt und somit die Ressourcen freigibt. Dies erfolgt nur noch bei einem Speicherüberlauf oder einen expliziten Aufruf des Garbage Collectors.

### -noclassgc

Die Verwendung dieser Option verhindert, dass nicht mehr verwendete Klassen automatisch vom Garbage Collector entfernt werden.

### -noverify

Mit Hilfe dieser Option wird die Bytecode-Verfikation komplett deaktiviert.

### -v oder -verbose

Veranlasst die Ausgabe einer Meldung auf *stdout*, wenn eine Klasse vom Interpreter geladen wird.

### -verbosegc

Veranlasst die Ausgabe einer Meldung auf *stdout*, wenn der Garbage Collector in Aktion tritt und Ressourcen freigibt.

### -verify

Aktiviert die Bytecode-Verifikation für alle geladenen Klassen.

### -verifyremote

Aktiviert die Bytecode-Verifikation für alle Klassen, die durch einen Classloader von unbekannter Stelle (zum Beispiel aus einem Netzwerk) geladen werden. Dies ist die Standard-Einstellung beim Aufruf von *java*.

### -version

Gibt die Versionsnummer des Interpreters auf *stdout* aus.

# Automatische Dokumentation – javadoc

Mit Hilfe des Tools *javadoc* können Sie automatisch HTML-Dokumentationen Ihrer Java-Programme und von Paketen erstellen. Die Dokumentationen bestehen aus mehreren HTML-Dokumenten, die alle als *public* deklarierten Klassen und Interfaces der Quelldateien beschreiben. Außerdem enthalten sie eine Vererbungshierarchie und eine Beschreibung aller als *public* oder *protected* deklarierten Elemente. Die allgemeine Syntax lautet:

```
javadoc [optionen] dateinamen|paketnamen
```

## Beschreibung

Beim Aufruf bekommt *javadoc* eine Liste von Quelltextdateien oder Paketnamen übergeben. Die Dateinamen müssen dabei mit der Endung *.java* angegeben werden, die Paketnamen voll qualifiziert wie bei der Verwendung in Ihren Programmen auch.

Nachdem die Quelltexte gefunden worden sind, werden sie der Reihe nach abgearbeitet und die Dokumentation erstellt. Die fertigen HTML-Dateien werden standardmäßig im aktuellen Verzeichnis abgespeichert.

Bei der Generierung der Dokumentation werden auch alle *doc-Kommentare* innerhalb des Quelltextes mitverarbeitet. Diese Kommentare werden durch /** eingeleitet und mit */ beendet. Der Kommenar-Text fließt an der entsprechenden Stelle der Dokumentation mit in den HTML-Code ein.

## Kommandozeilenoptionen

### -classpath *pfad*

Mit dieser Option wird der Pfad angegeben, in dem *javadoc* nach den Klassen der angegebenen Pakete sucht. Dadurch werden die Standardpfade und die Einstellungen in der *CLASSPATH*-Systemvariablen überschrieben.

### -d *verzeichnis*

Diese Option legt fest, in welchem Verzeichnis die Dokumentation gespeichert werden soll.

### -noindex

Verhindert die Erzeugung der Index-Datei *AllNames.html*.

### -notree

Verhindert die Erzeugung der Datei *tree.html*, die die Klassenhierarchie darstellt.

### -verbose

Veranlasst *javadoc*, regelmäßig Meldungen über die den Vorgang auf *stdout* auszugeben.

# Der Disassembler – javap

Klassendateien mit der Endung *.class*, wie sie von *javac* erzeugt werden, enthalten Bytecode, der von Menschen nicht lesbar ist. *javap* kann Klassendateien disassemblieren, also den Bytecode wieder in

Quelltext zurückverwandeln und am Bildschirm ausgeben. Die allgemeine Syntax zum Aufruf von *javap* lautet:

```
javap [optionen] klassennamen
```

## Beschreibung

Wenn keine weiteren Optionen gewählt werden, gibt *javap* lediglich die Deklarationen aller Elemente der angegebenen Klassen aus, die nicht mit dem Modifikator *private* versehen sind.

## Kommandozeilenoptionen

### -c

Veranlasst die Disassemblierung aller Methoden der angegebenen Klassen, inklusive der als *private* deklarierten.

### -classpath *pfad*

Mit dieser Option wird der Pfad angegeben, in dem *javap* nach referenzierten Klassen sucht. Dadurch werden die Standardpfade und die Einstellungen in der *CLASSPATH*-Systemvariablen überschrieben.

### -h

Die Ausgabe erfolgt in einer Form, die in eine Header-Datei der Programmiersprache C geeignet ist.

### -l

Durch Verwendung dieser Option werden zusätzlich Zeilennummern und Informationen über lokale Variablen ausgegeben. Diese Informationen sind nur aus *.class*-Dateien zu entnehmen, die mit der Option *-g* compiliert worden sind.

### -p

Verwenden Sie diese Option, um *javap* zur Ausgabe von als *private* deklarierten Elementen zu zwingen.

### -v

Veranlasst die Ausgabe weiterer Informationen über alle Elemente der disassemblierten Klassen. Die Ausgabe erfolgt in Form von Java-Kommentaren innerhalb des Quelltextes.

### -verify

Durch Angabe dieser Option verifiziert *javap* alle angegebenen Klassen und gibt zusätzlich das Ergebnis aus.

### -version

Diese Option veranlasst den Disassembler, die aktuelle Versionsnummer auf *stdout* auszugeben.

# Stichwortverzeichnis

**ISBN 3-8266-9385-X**

verlag moderne industrie Buch AG & Co. KG • Königswinterer Straße 418 • 53227 Bonn • Fax: 02 28 / 970 24 21 • http://www.vmi-Buch.de

# Weiterführende Titel zum Thema Objektorientierte Programmierung in Java

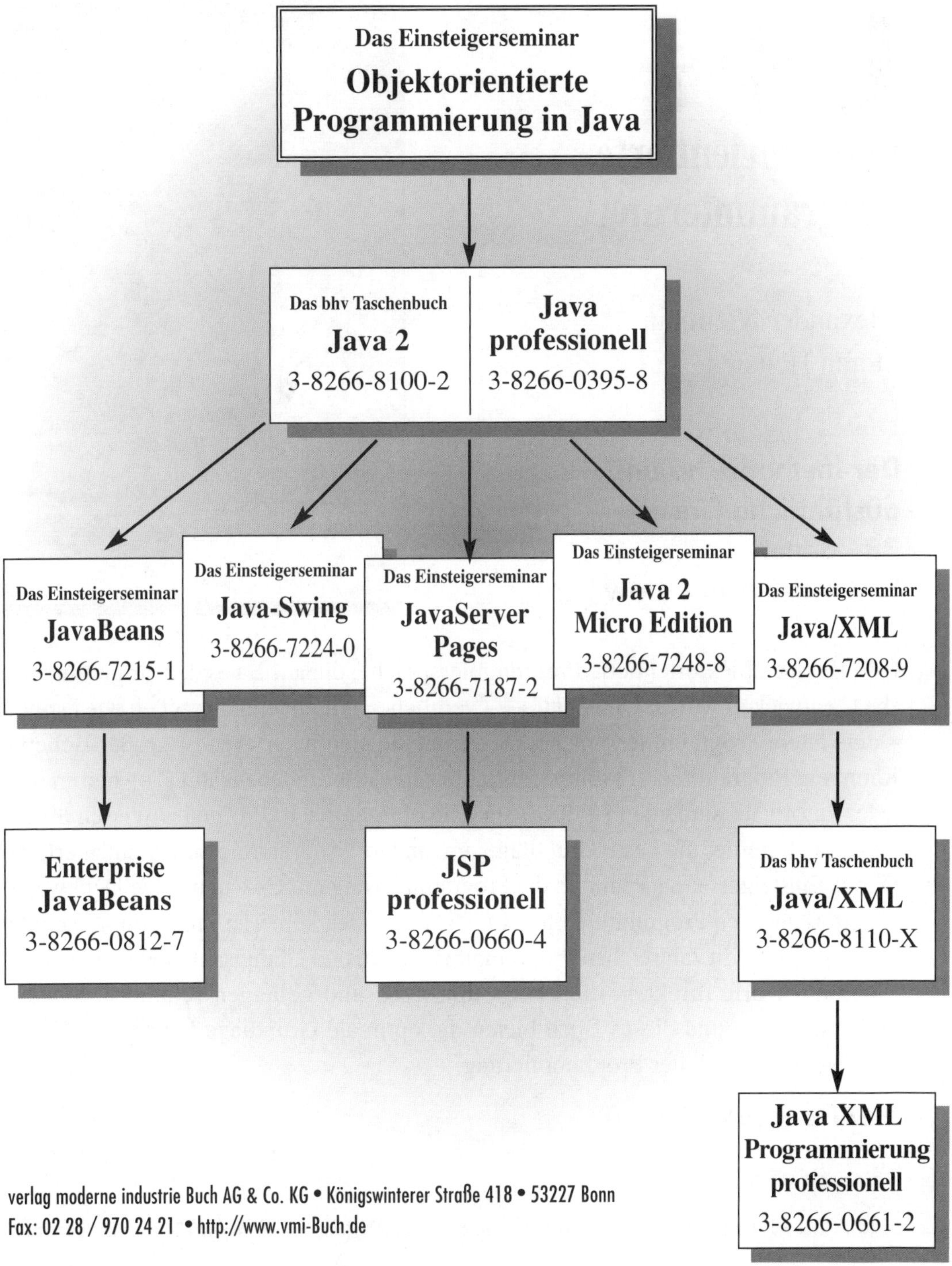


verlag moderne industrie Buch AG & Co. KG • Königswinterer Straße 418 • 53227 Bonn
Fax: 02 28 / 970 24 21 • http://www.vmi-Buch.de